딱! 한권 JLPT 일본어능력시험

모의고사 3회분 N5

🎓 시사일본어사

本書は、日本語能力試験の N1 から N5 のレベルのうち、N5 の試験対策を目的に、3回分の模擬試験を用意しました。

本書の特徴は、問題数が豊富であることです。模擬試験が3回分収録されていますから、試験直前にとにかくたくさん問題を解きたいという場合に使うことはもちろん、試験の傾向を知るために1回、少し勉強してから1回、試験直前に1回といった使い方をすることもできます。本書を使って本番と同じ形式の問題を3回解いてみれば、試験の特徴は十分につかめるでしょう。

また、本書では、あまり時間がない中でも必要な試験対策がとれるよう、解説を工夫しました。問題を解いて答えの正誤を知るだけでなく、効率よく、正解を導くためのポイントを学んだり、今まで学んできた知識を整理したりできるようになっています。

N5 に合格するためには、幅広い日本語の知識とそれを適切に運用する力が求められます。本書を使って繰り返し学習することによって、弱いところや苦手なところを補強し、日本語能力の向上を目指してください。

本書が N5 合格を目指す皆さんのお役に立てることを願っています。

著者・編集部一同

목차

부록

별책

〈이 책의 구성〉

- 모의고사는 전부 3회분이 있습니다.
- 문제와 해답용지는 부속 별책에, 해답·해설은 본책에 수록되어 있습니다.
- 청해용 MP3 CD가 1장 들어있습니다.

〈이 책의 사용법〉

① 3회의 모의고사는 (한 번에 풀지 말고) 각각 정해진 시간에 따라 나눠서 진행해 주세요.

  ＊해답용지는 자르거나 복사해서 사용해 주세요.

  ＊「언어지식」에서는 문제를 푸는 데 걸리는 시간에 대해 목표 시간을 설정, 큰 문제별로 표시하였습니다. 참고하면서 풀어 주세요.

② 문제를 다 풀었으면「해답·해설」을 보면서 정답을 맞춥니다. 틀린 부분은 확실히 복습해 주세요.

  ＊해설이나 부록의「시험에 나오는 중요 어구·문형 리스트」를 활용합시다.

③ 다음으로 채점표(p.61~62)를 이용해 채점을 하고, 득점을 기입해 주세요. 득점 결과를 바탕으로 부족한 부분은 없는지 확인해 주세요. 점수가 낮은 과목이 있으면 중점적으로 학습합시다.

「일본어능력시험 N5」의 내용

❶ N5 레벨

기본적인 일본어를 어느 정도 이해할 수 있다.

읽기	• 히라가나나 가타카나, 일상생활에서 사용되는 기본적인 한자로 쓰인 정형적인 어구나 글, 문장을 읽고 이해할 수 있다.
듣기	• 교실이나 주변 등, 일상생활 속에서 자주 만나는 장면에서 천천히 말하는 짧은 회화라면 필요한 정보를 얻을 수 있다.

❷ 시험과목과 시험시간

• 「언어지식(문법)」과 「독해」는 50분 안에 같은 문제용지, 같은 해답용지로 진행됩니다. 자신의 페이스로 문제를 풀게 되므로 시간배분에 주의합시다.

	언어지식 (문자·어휘)	언어지식 (문법)·독해	청해
시간	25분	50분	30분

❸ 합격 판정

• 「종합득점」이 「합격점」에 도달하면 합격합니다. 확실하게 만점의 60~70%의 점수를 얻을 수 있도록 합시다.

• 「득점 구분 별 득점」에는 「기준점」이 설정되어 있습니다. 「기준점」에 도달하지 못하면, 「종합득점」에 관계없이 불합격됩니다. 부족한 과목을 만들지 않도록 합시다.

	언어지식 · 독해 (문자·어휘·문법)	청해	종합득점	합격점
득점 구분 별 득점	0~120점	0~60점	0~180점	80점
기준점	38점	19점		

❹ 일본어능력시험 N5의 구성

		큰 문제	문항 수	내용
언어지식 (25분)		1 漢字読み かんじ よ	10	한자로 쓰인 어휘의 읽는 법을 묻는다.
		2 表記 ひょうき	8	히라가나로 쓰인 어휘가 한자로 어떻게 쓰이는지 묻는다.
		3 文脈規定 ぶんみゃく きてい	10	문맥에 따라 의미적으로 규정된 말이 무엇인지 묻는다.
		4 言い換え類義 い か るいぎ	5	출제어와 의미적으로 가까운 말이나 표현을 묻는다.
언어지식 · 독해 (50분)	문법	1 文の文法1 ぶん ぶんぽう （文法形式の判断） ぶんぽうけいしき はんだん	16	글의 내용에 맞는 문법형식인지 아닌지를 판단할 수 있는지 묻는다.
		2 文の文法2 ぶん ぶんぽう （文の組み立て） ぶん く た	5	나열된 단어로 의미가 통하는 문장을 만들 수 있는지를 묻는다.
		3 文章の文法 ぶんしょう ぶんぽう	5	문장의 흐름에 맞는 글인지 아닌지를 판단할 수 있는지 묻는다.
	독해	4 内容理解（短文） ないよう りかい たんぶん	3	학습 · 생활 · 일에 관련된 화제 · 장면을 쉽게 고쳐 쓴 80자 정도의 지문을 읽고 내용을 이해할 수 있는지를 묻는다.
		5 内容理解（中文） ないよう りかい ちゅうぶん	2	일상적인 화제 · 장면에서 쉽게 고쳐쓴 250자 정도의 지문을 읽고, 이해할 수 있는지를 묻는다.
		6 情報検索 じょうほうけんさく	1	안내나 공지 등 새로 쓴 정보소재(250자 정도) 속에서 필요한 정보를 찾아낼 수 있는지를 묻는다.
청해 (30분)		1 課題理解 かだいりかい	7	논지가 명쾌한 지문을 듣고 내용을 이해할 수 있는지(다음에 무엇을 하는 것이 적당한지 이해할 수 있는가)를 묻는다.
		2 ポイント理解 りかい	6	논지가 명쾌한 지문을 듣고 내용을 이해할 수 있는지(포인트를 집으며 들을 수 있는가)를 묻는다.
		3 発話表現 はつわ ひょうげん	5	일러스트를 보면서 상황설명을 듣고 적절한 발화를 고를 수 있는지를 묻는다.
		4 即時応答 そくじ おうとう	6	질문 등의 짧은 발화를 듣고 적절한 응답을 고를 수 있는지를 묻는다.

＊ 문항 수는 예상 숫자로 실제와 다를 수 있습니다. 본책에서는 국제교류기금 편저 『日本語能力試験 公式問題 集 N5』(2012
にほんごのうりょくしけん こうしきもんだいしゅう
年、凡人社)의 내용을 참고로 구성하였습니다.
ねん ぼんじんしゃ

시험에 관련된 최신 정보는 일본어능력시험 공식 홈페이지(☞http://www.jlpt.or.kr)에서 확인하세요.

📖 언어지식 (문자 · 어휘)

問題 1
もんだい
【漢字読み】 → 한자의 올바른 읽기를 고른다.
かん じ よ

자주 나오는 문제 · 어구

• 장음인지 아닌지(예 おか<u>あ</u>さん)
• 촉음이 있는지 없는지(예 が<u>っ</u>こう)
• 탁음이나 반탁음이 있는지(예 ひら<u>が</u>な)
•「ん」이 들어가는지 아닌지(예 し<u>ん</u>ぶ<u>ん</u>)

問題 2
もんだい
【表記】 → 히라가나 부분의 올바른 한자(또는 가타카나)를 고른다.
ひょう き

⇒ 하나하나의 한자를 바르게 외웁시다.

問題 3
もんだい
【文脈規定】 → 문장에 맞는 어휘를 고른다.
ぶんみゃく き てい

⇒ 같은 그룹의 말을 구별한다. (예 てがみ－はがき、スーパー－コンビニ)

問題 4
もんだい
【言い換え類義】 → 다른 단어나 표현으로 의미가 거의 같은 것을 고른다.
い か るい ぎ

📋 언어지식 (문법)

問題1 **【文の文法1 （文法形式の判断）】** → 문장에 맞는 말을 고른다.

⇒ 조사를 잘 복습해 둡시다.

問題2 **【文の文法2 （文の組み立て）】** → 단어를 바른 순서로 나열해 문장을 만든다.

문제 예

___★___ に　入る　ものは　どれですか。1・2・3・4から　いちばん　いい　ものを　一つ　えらんで　ください。

A「その　_____　_____　___★___　_____　買いましたか。」
B「大学の　本屋で　買いました。」
1 は　　　　　2 本　　　　　3 で　　　　　4 どこ

풀이 방법

A「その　__2 本__　__1 は__　、　__4 どこ__　__3 で__　買いましたか。」
B「大学の　本屋で　買いました。」

問題3 **【文章の文法2】** → 긴 문장을 읽고 앞뒤 연결이 맞는 말을 넣는다.

문제 예

22 から 26 に　何を　入れますか。ぶんしょうの　いみを　かんがえて、1・2・3・4から　いちばん　いい　ものを　一つ　えらんで　ください。

日本で　べんきょうして　いる　学生が「行きたい　ところ」の　ぶんしょうを　書いて、クラスの　みんなの　前で　読みました。

マリアさんの　ぶんしょう

わたしは　北海道に　行きたいです。北海道には　きれいな　ところが　たくさん　あります。おいしい　食べ物 22 たくさん　あります。みそラーメンは　いちばん　食べたいです。それから、スキーも　やりたいです。北海道の　雪は　とても 23 雪ですから、楽しみです。

22　1 に　　　　　2 の　　　　　3 も　　　　　4 で

23　1 いい　　　　2 わるい　　　3 たかい　　　4 ひくい

8

📖 독해

問題 4 もんだい	【内容理解（短文）】 ないよう り かい たんぶん	→ 80자 정도의 글을 읽고 내용을 이해할 수 있는지를 묻는다.

問題 5 もんだい	【内容理解（短文）】 ないよう り かい たんぶん	→ 250자 정도의 글을 읽고 쓰인 내용의 포인트를 이해하고 있는지 묻는다.

자주 나오는 문제·어구

- どんな〜しますか/しましたか
- どのように〜します/しましたか
- どうして〜しますか/しましたか
- 何を〜しますか/しましたか
  なに

問題 6 もんだい	【情報検索】 じょうほうけんさく	→ 250자 정도의 정보에서 필요한 정보를 찾아낼 수 있는가를 묻는다.

자주 나오는 문제·어구

- どんな〜しますか/しましたか
- どのように〜します/しましたか
- どうして〜しますか/しましたか
- 何を〜しますか/しましたか
  なに

 # 청해

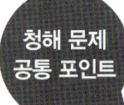

청해 문제
공통 포인트

1 음성은 한 번밖에 들을 수 없으므로, 한 문제 한 문제 집중해서 듣는다.
2 답이 헷갈려도 거기에 시간을 들이지 않는다(→ 다음 문제에 집중할 수 없게 된다).
3 질문을 확실히 듣는다.
4 회화에서는 생략되는 말이 많다.「누가?」「무엇을?」등을 모르지 않도록 주의한다.

問題 1 もんだい **【課題理解】** かだいりかい → 두 사람의 회화를 듣고 내용을 이해할 수 있는지를 묻는다.

흐름

① 상황 설명과 질문(첫 번째)를 듣는다
② 회화를 듣는다
③ 질문 (두 번째)를 듣는다 → 답을 고른다
※그림을 사용한 문제가 많다.

자주 나오는 문제·어구

• どの〜を…しますか。

• (はじめに)何を…しますか。
なに

問題 2 もんだい **【ポイント理解】** りかい → 두 사람의 대화 또는 한 사람의 스피치 등을 듣고 포인트를 파악할 수 있는지를 묻는다.

흐름

① 설명과 질문(첫 번째)을 듣는다
② 회화를 듣는다
③ 질문(두 번째)을 듣는다 → 답을 고른다

자주 나오는 문제·어구

• 〜は、どうして…か。

• 〜は、いつ／何時(の○○)に…か。
なんじ

• 〜は、どこで…か。

• 〜は、何を／どんな○○を…か。
なに

• 〜は、誰と…か。
だれ

• 〜は、何で…か。
なに

【発話表現】 → 그림을 보면서 상황 설명을 듣고 그것에 맞는 표현을 고를 수 있는지를 묻는다.
はつ わ ひょうげん

もんだい

흐름

① 그림을 본다

② 상황 설명과 질문을 듣는다

③ 선택지를 듣는다 → 답을 고른다

⇒ 기본적인 인사 표현을 외웁시다.

問題 4 【即時応答】 → 상대방의 짧은 질문이나 인사 등에 대해 그것에 맞는 대답을 고를 수 있는지를
もんだい そく じ おうとう 묻는다.

흐름

① 하나의 짧은 회화 중, 먼저 말하는 쪽을 듣는다

② 선택지(회화의 뒤쪽)을 듣는다 → 답을 고른다.

모의고사 제1회 정답 · 해설

정답

언어지식 (문자 · 어휘)

問題 1		問題 3	
1	4	19	3
2	1	20	2
3	2	21	1
4	4	22	1
5	3	23	3
6	4	24	3
7	3	25	3
8	3	26	2
9	2	27	2
10	2	28	1
問題 2		**問題 4**	
11	1	29	4
12	1	30	2
13	3	31	3
14	1	32	4
15	2	33	1
16	2		
17	1		
18	2		

언어지식 (문법) · 독해

問題 1		問題 3	
1	3	22	2
2	1	23	1
3	1	24	3
4	4	25	2
5	1	26	2
6	1	**問題 4**	
7	2	27	3
8	4	28	3
9	4	29	4
10	1	**問題 5**	
11	1	30	4
12	3	31	3
13	2	**問題 6**	
14	3	32	4
15	2		
16	1		
問題 2			
17	1		
18	3		
19	3		
20	3		
21	4		

청해

問題 1		問題 3	
れい	3	れい	2
1	2	1	1
2	3	2	3
3	2	3	2
4	3	4	1
5	1	5	1
6	2	**問題 4**	
7	3	れい	2
問題 2		1	3
れい	1	2	1
1	4	3	2
2	2	4	1
3	2	5	3
4	1	6	3
5	3		
6	3		

※해설에서는 「주요어휘」에 N5레벨의 어휘를 싣고, 체크박스(□)를 붙였습니다. 설명을 위해 사용한 일부 어려운 어휘에는 △가 붙어 있습니다.

언어지식 (문자·어휘)

N＝명사	Vた形＝동사의 た형
A＝い형용사	Vて形＝동사의 て형
Na＝な형용사	Vます形＝동사의 ます형
	Vじしょ形＝동사의 사전형

もんだい1

1 정답 **4**

▶ □兄＝キョウ／あに
　㉠「兄が 一人、姉が 一人 います。」
　　　　 あに 　ひとり　 あね　 ひとり
　　「お兄さんは 何さいですか。」
　　　　　 にい 　　　　なん

▶ □弟＝ダイ／おとうと
　㉠「弟が 一人、妹が 一人 います。」
　　　 おとうと　ひとり　いもうと　ひとり
　　「弟さんは 何さいですか。」
　　　 おとうと　　　なん

2 정답 **1**

▶ □西＝にし
　㉠ 駅の　西側（서쪽）
　　 えき 　にしがわ

3 정답 **2**

▶ □四＝シ／よ、よっ、よん
　㉠ 四月・四人・四つ・四日・四個
　　 しがつ　よにん　よっ　よっか　よんこ

▶ □日＝ニチ／ひ、か
　㉠ 日曜日、日記（일기）／朝日（아침 해）、
　　 にちようび　にっき　　　　 あさひ
　　日にち（날짜）、誕生日、八日
　　 ひ　　　　　 たんじょうび　ようか

4 정답 **4**

▶ □下＝カ／した
　㉠ 地下鉄（지하철）／下着（속옷）
　　 ちかてつ　　　 したぎ

5 정답 **3**

▶ □高＝コウ／たかーい
　㉠ 高校／高い　ビル
　　 こうこう　たか

6 정답 **4**

▶ □800＝ハッピャク　　㉠ 600（ロッピャク）

▶ □円＝エン　　㉠ 日本円
　　　　　　　　　 にほんえん

7 정답 **3**

▶ □三＝サン／み
　㉠ 三回／三日、三つ
　　 さんかい　みっか　みっ

▶ □本＝ホン
　㉠ 本屋、1本・2本・3本・何本
　　 ほんや　いっぽん　にほん　さんぼん　なんぼん

8 정답 **3**

▶ □半＝ハン
　㉠ 12時半、半年
　　　　じはん　はんとし

▶ □分＝フン、プン、ブン
　㉠ 1時2分、3時3分
　　　 じ　ふん 　じ　ぷん

9 정답 **2**

▶ □新＝シン／あたらーしい
　㉠ 新聞／新しい　靴
　　 しんぶん　あたら　　くつ

제 **1** 회 제 **2** 회 제 **3** 회 문자·어휘 문법 독해 청해

10 정답 **2**

▶ □ 海＝カイ／うみ

(예) 海岸(해안)／海で 泳ぐ
　　　かいがん　　うみ　　およ

もんだい 2

11 정답 **1**

□ **ワイシャツ** : 와이셔츠

오답해설
□의 가타카나에서 「ワイシャツ」와 다른 곳은 어딘지
알아봅시다.
2 ワイシャ**ソ**　3 **ウ**イ**リャ**ソ　4 **ウィ**シ**ヤ**ツ

12 정답 **1**

□ **食べます** : 먹습니다
　　た

▶ □ **食**＝ショク／たーべます

(예) 食事(식사)、食堂(식당)／食べ物
　　しょくじ　　しょくどう　　た もの

13 정답 **3**

□ **東** : 동쪽
　ひがし

▶ □ **東**＝トウ／ひがし

(예) 東京、駅の 東側(동쪽)
　　とうきょう えき ひがしがわ

오답해설
1 **来**＝ライ／きーます

(예) 来月／友だちが家に来ました。
　　らいげつ とも いえ き

2 **車**＝シャ／くるま

(예) 電車、自動車(＝車)／車に乗ります。
　　でんしゃ じどうしゃ くるま くるま の

4 **天**＝テン　(예) 天気
　　てん　　　　てんき

14 정답 **1**

▶ □ **万**＝マン : 만 ＝10000
　　まん

(예) 10万円
　　まんえん

오답해설
2 **子**＝シ／こ

(예) *女子学生／子ども　*女子 : 女(の)
　　じょしがくせい こ　　じょし おんな

3 **方**＝ホウ／かた

(예) 安い方、大きい方／あの 方は どなたですか。
　　やす ほう おお ほう かた

4 **友**＝とも　(예) 友だち
　　　　　　　　とも

15 정답 **2**

□ **午後** : 오후
　ごご

▶ □ **午**＝ゴ　(예) 午前
　　　　　　　　ごぜん

▶ □ **後**＝ゴ／うしーろ

(예) 1時間後／車の 後ろ、後ろの 人
　　じかんご くるま うし うし ひと

16 정답 **2**

□ **聞きます** : 듣습니다
　き

▶ □ **聞**＝ブン／きーきます

(예) 新聞／音楽を 聞きます。
　　しんぶん おんがく き

오답해설
1 **間**＝カン／あいだ

(예) 一週間 : 일주일, 일주일간／銀行と 本屋の
　　いっしゅうかん　　　　　　ぎんこう ほんや
間に 花屋が あります。
あいだ はなや

3 **問**＝モン　(예) 問題、質問
　　　　　　　　もんだい しつもん

4 **門**＝モン　(예) 門が 閉まっています。
　　　　　　　　もん し

17 정답 **1**

□ **時間** : ～시간
　じかん

▶ □ **時**＝ジ／とき

(예) 3時／時々
　　じ ときどき

▶ □ **間** → **16** 참조

18 정답 **2**

□ **雨** : 비

▶ □ **雨**＝あめ

(예) 今日は 雨です。／雨が 降っています。
　　きょう あめ あめ ふ

もんだい 3

19 정답 **3**

□ **ニュース** : 뉴스
　예 その　事故は、テレビの　ニュースで　知り
　　　　じこ　　　　　　　　　　　　　　し
　ました。

오답해설
1 **ノート** : 노트
　예 ノートに　漢字を　書きます。
　　　　　　　かんじ　　か
2 **ラジオ** : 라디오　예 ラジオを　聞きます。
　　　　　　　　　　　　　　　　　　　き
4 **ポスト** : 포스트, 우체통

20 정답 **2**

□ **かえします** : 돌려줍니다
　예 借りた　本を　返しました。
　　　か　　　ほん　　かえ

오답해설
1 **おします** : 누릅니다
　예 その　ボタンを　押して　ください。
　　　　　　　　　　　お
3 **かえります** : 돌아갑니다
　예 家へ　帰ります。
　　　いえ　かえ
4 **おわります** : 끝납니다
　예 授業は3時に　終わります。
　　　じゅぎょう　じ　　　お

21 정답 **1**

□ **かぶります** : 씁니다, 착용합니다
　예 帽子を　かぶっている　人が　田中さんで
　　　ぼうし　　　　　　　ひと　　たなか
　す。

오답해설
2 **きます** : 옵니다
　예 彼は　いつも　スーツを　着ています。
　　　かれ　　　　　　　　　　　き
3 **はきます** : 입습니다
　예 彼女は　スカートを　はいています。
　　　かのじょ
4 **はいります** : 들어갑니다
　예 箱の　中に　リンゴが　入っています。
　　　はこ　なか　　　　　　はい

22 정답 **1**

□ **あぶない** : 위험하다
　예 危ないですから、エスカレーターでは　走
　　　あぶ　　　　　　　　　　　　　　　　はし
　らないで　ください。

오답해설
2 **いたい** : 아프다　예 頭が　痛いです。
　　　　　　　　　　　　　あたま　いた
3 **おおきい** : 크다
　예 この　くつは　少し　大きいです。
　　　　　　　　　すこ　おお
4 **とおい** : 멀다
　예 Aホテルは　駅から　遠いです。
　　　　　　　えき　　　とお

23 정답 **3**

□ **回** : ～회
　かい
　예 一日　2回　薬を　飲みます。
　　　いちにち　かい　くすり　の

오답해설
1 **えん** : 엔 (일본의 화폐 단위)
　예 この　カバンは　1万円です。
　　　　　　　　　　まんえん
2 **だい** : ～대
　예 車が　3台　とまっています。
　　　くるま　だい
4 **ばん** : ～번
　예 日本語の　テストは　クラスで　1番でした。
　　　にほんご　　　　　　　　　　　ばん

24 정답 **3**

□ **にもつ** : 짐
　예 その　荷物、わたしが　持ちます。
　　　　　にもつ　　　　　も

오답해설
1 **やま** : 산　예 高い　山
　　　　　　　　　　たか　やま
2 **みみ** : 귀
　예 風が　冷たくて、耳が　痛いです。
　　　かぜ　つめ　　　　みみ　いた
4 **りょうり** : 요리
　예 料理を　作ります。／からい　料理
　　　りょうり　つく　　　　　　　りょうり

25 정답 **3**

□ **とります** : 찍습니다
　예 みんなで　写真を　とりましょう。
　　　　　　　しゃしん

오답해설

1 **かいます**：삽니다　　예 封筒を　買います。
ふうとう　　か

2 **まちます**：기다립니다
예 駅で　友だちを　待ちます。
えき　とも　　ま

4 **もちます**：듭니다
예 わたしが　その　箱を　持ちます。
はこ　も

---

26 정답 **2**

□ **れんしゅう（する）**：연습
예 毎日　1時間、ピアノの　練習を　します。
まいにち　じかん　　　れんしゅう

오답해설

1 **せんしゅう**：저번주
예 先週の　土曜日、プールへ　行きました。
せんしゅう　どようび　　　　い

3 **コート**：코트
예 みんなは　テニス　コートに　います。

4 **スポーツ**：스포츠
예 スポーツは　体に　いいです。
からだ

---

27 정답 **2**

□ **となり**：이웃, 옆
예 アパートの　となりが　コンビニですから、
便利です。
べんり

오답해설

1 **まえ**：앞
예 駅の　前に　デパートが　あります。
えき　まえ

3 **うえ**：위
예 机の　上に　お菓子が　あります。
つくえ　うえ　　かし

4 **した**：아래
예 机の　下に　猫が　います。
つくえ　した　ねこ

---

28 정답 **1**

□ **フォーク**：포크
예 ケーキを　食べる　ときは　フォークを
た
使います。
つか

오답해설

2 **ナイフ**：나이프
예 フォークは　ありますが、ナイフが　ありません。

3 **はし**：젓가락
예 はしの　使い方は　難しいです。
つか　かた　むずか

4 **スプーン**：숟가락
예 スープは　スプーンで　飲みます。
の

もんだい４

29 정답 **4**

□ **もう、だいじょうぶです**
⇒（かぜが　なおって）今は　元気です
いま　げんき

---

30 정답 **2**

□ **じかんが　かかります**：시간이 걸립니다
＝長い　時間が必要です
なが　じかん　ひつよう
⇒すぐに　できません

---

31 정답 **3**

□ **ゆうべ**：어젯밤
＝きのうの　夜
よる

---

32 정답 **4**

□ **じょうずでは　ありません**：능숙하지 않습니다
＝下手です（↔上手です）
へた

---

33 정답 **1**

□ **きたないです**：지저분합니다
＝きれい（↔きたない）ではありません

언어지식 (문법)·독해

문법

もんだい1

__1__ **정답 3**

スーパーで りんご（と） みかんを かいました。

1 は　　2 も　　3 と　　4 か

□ **～と** : ～와, ～과

　例 銀行と スーパーへ 行きます。
　　　ぎんこう　　　　　　　　い

오답해설

1 ここは　教室です。(A는...)
　　　　きょうしつ

2 飲み物も　買いました。(A도)
　の もの　　か

4 えんぴつか　ボールペンで　書いてください。
　　　　　　　　　　　　　　　か
　（A나 B）

__2__ **정답 1**

弟は　今年、大学（に）　入りました。
おとうと　ことし　だいがく　　　はい

1 に　　2 が　　3 か　　4 や

□ **～に** : ～에, ～에게, ～을

　例 電車に　乗る、いすに　座る(결과)
　　　でんしゃ　の　　　　　すわ

오답해설

2 雨が　ふっています。
　あめ

4 スーパーで　野菜や　くだものを　買いました。
　　　　　　やさい　　　　　　　　か

__3__ **정답 1**

これは、わたし（が）　かいた　絵です。
　　　　　　　　　　　　　　え

1 が　　2 で　　3 は　　4 を

□ **～が** : ～이(가), ～을(를)

　例 これは　母が　作った　服です。
　　　　　　はは　つく　　ふく

__4__ **정답 4**

兄は　サッカーが　好きですが、弟（は）
あに　　　　　　す　　　　　おとうと
あまり　好きでは　ありません。
　　　す

1 と　　2 に　　3 も　　4 は

□ **～は** : ～은(는)

　例 山田さんは　パソコンを　持っていますが、田
　　　やまだ　　　　　　　　も　　　　　　　た
　　中さんは　持っていません。(대비)
　　なか　　　も

오답해설

2 教室に　テレビが　あります。(존재하는 장소)
　きょうしつ

__5__ **정답 1**

わたしは　自転車（に）　　のって、うみへ
　　　　じてんしゃ
行きました。
い

1 に　　2 の　　3 で　　4 を

□ **～に** : ～을(를)

　例 母は　車に　のって　買い物に　行きました。
　　　はは　くるま　　　か もの　　い

오답해설

3 バスで　会社へ　行きます。(～로/수단)
　　　　かいしゃ　い

4 ごはんを　食べます。(～을/동작 대상)
　　　　　た

__6__ **정답 1**

A「何時に　うちへ　帰りますか。」
　　なんじ　　　　かえ
B「7時（ごろ）　帰ります。」
　　しちじ　　　かえ

1 ごろ　　2 じゅう　3 まで　4 ぐらい

18

□ **～ごろ**

㉝ わたしは　いつも11時ごろに　ねます。('시간
+ごろ'는 대략적인 시간을 나타냄)

오답해설

2 かぜを　ひいて、きのうは　一日中寝て
いました。(그 동안 쪽)

3 毎日、5時まで　働きます。(～까지)

4 わたしは　毎晩　3時間ぐらい　勉強しま
す。(～정도)

---

7 정답 **2**

A 「田中さんは、どこですか。」

B 「あそこです。今　電話で（話しています）。」

1 話しました　　　　2 話しています

3 話しませんでした　4 話しません

□ **～ています** : ～하고 있습니다

㉝ リサさんは　今　本を　読んでいます。(읽고
있습니다/동작의 진행)

---

8 정답 **4**

田中 「リサさんは、（ いつ ）国へ　帰りま
すか。」

リサ 「1月に　帰ります。」

1 どのくらい　　　　2 なに

3 どこ　　　　　　　4 いつ

□ **いつ** : 언제

㉝ いつ　日本へ　来ましたか。(시기)

오답해설

1 毎晩　どのくらい　勉強していますか。(어느
정도)

2 昼ご飯に　何を　食べましたか。(무엇)

3 どこで　昼ごはんを　食べましたか。(어디)

---

9 정답 **4**

先生 「明日は　本と　ノートを（ 持ってきて
ください ）。」

学生 「はい。わかりました。」

1 持ってきました

2 持ってきましょうか

3 持ってきたいです

4 持ってきてください

□ **～てください** : ～해 주세요

㉝ 先生 「質問が　ある人は　手を　あげてくだ
さい。」(들어 주세요/지시)

오답해설

2 たくさん　荷物を　持っていますね。ひとつ
持ちましょうか。(쓸까요?/신청)

3 お腹が　すきましたから、ごはんを　食べた
いです。(먹고 싶습니다/희망)

---

10 정답 **1**

わたしは　子どもの　時、スポーツが
（ 好きではありませんでした ）。

1 好きではありませんでした

2 好きくなかったです

3 好きはなかったです

4 好きではないでした

※ 회화에서는 1은 「好きじゃありませんでした」라
고 말하는 경우가 많다.

※ Na의 과거 부정형은 「Naではありませんでした
／Naじゃなかったです」이다.

---

11 정답 **1**

A 「田中さんの　電話ばんごうを　知ってい
ますか。」

B 「いいえ。（ 知りません ）。」

1 知りません　　　　2 知りないです

3 知っていません　　4 知っていないです

※「知っています」↔「知りません」

12 정답 **3**

A 「映画を（ 見た ）あとで、デパートへ　行
　きませんか。」

B 「ああ、いいですね。」

1 見る　　2 見て　　3 見た　　4 見ます

□ **〜たあと（で）**：〜한 후(에)

　㉘ お昼を　食べたあと、図書館へ　行きません
　　か。（Ｖた형+あと（で））

13 정답 **2**

かよう日と　もくよう日（ だけ ）　ピアノを
教えています。

1 から　　2 だけ　　3 まで　　4 ほど

14 정답 **3**

木村　「田中さんは、よく　テレビを　見ます
　　　か。」

田中　「いいえ、（ あまり ）　見ません。」

1 よく　　　　　　　　2 ときどき

3 あまり　　　　　　　4 すこし

□ **あまり〜ない（ません）**：그다지 〜않다

　㉘ わたしは　スポーツが　あまり　好きじゃあり
　　ません。

오답해설

1 わたしは　よく　本を　読みます。

2 わたしは　ときどき　本を　読みます。

4 わたしは　きのう　すこし　本を　読みました。

15 정답 **2**

きのうの　映画は　（ おもしろくなかった
です ）。

1 おもしろくないかったです

2 おもしろくなかったです

3 おもしろいじゃなかったです

4 おもしろいだったです

★ い형용사의 과거 부정형 : ⇒ い형용사의 어간 + く
　なかったです／くありませんでした

16 정답 **1**

A 「きのう、新しい　デパートへ　行きまし
　た。」

B 「（ そうですか ）。どうでしたか。」

1 そうですか　　　　　　2 そうですよ

3 そうですね　　　　　　4 そうです

□ **そうですか**：그렇습니까?

　㉘ A 「わたしは　きのう、ひさしぶりに　森さんに
　　　　会いました。」

　　B 「そうですか。森さん、元気でしたか。」
　　　（지금까지 몰랐음）

오답해설

2 A 「リサさんは　ブラジルからの　留学生な
　　んですね。」

　B 「そうですよ。この前、みんなの　前で
　　言っていましたよ。」（전부터 알고 있음）

3 A 「リサさんは　とても　まじめで、いい
　　学生ですね。」

　B 「そうですね。わたしも　そう　思いま
　　す。」（같은 생각）

4 A 「これは　田中さんの　かばんですか。」

　B 「ええ、そうです。」（"YES"의 대답）

もんだい2

17 정답 **1**

「新しい ₂教室₄は ₁ひろくて ₃きれいです
ね。」

「ええ。子どもたちも　きっと　喜ぶでしょ
う。」

18 정답 **3**

けさは ₄何₁も ₃食べないで ₂学校へ 来ました。

19 정답 **3**

「すみません、ゆうびんきょく₄は ₁どこ₃に ₂ありますか。」
「あの 白い ビルの 前に ありますよ。」

20 정답 **3**

「スミスさん、けさは 何を しましたか。」
「図書館₂へ ₄本₃を ₁かりに 行きました。」

21 정답 **4**

「今日の 午後は 映画を ₃見て ₂それから ₄きっさてん₁へ 行きませんか。」
「ええ。そうしましょう。」

もんだい３

22 정답 **2**

ブラジルから 来ました。(～에서, ～으로 부터)

23 정답 **1**

日本語で 日本の 映画を 見たいです。でも、まだ 日本語が あまり わかりません。
(하지만/역접)

2 きのうは 本を 読んで、それから 宿題を しました。(A 후에, B)

3 お腹が 痛いです。だから 食べません。(그래서/이유→결과)

4 では、そろそろ 帰ります。(＝じゃあ)

24 정답 **3**

わたしは 今 日本の 会社で 働いています。(직업·소속)

25 정답 **2**

また （すしを） 食べに 行きたいです。(희망)

오답해설

1、3은 권유할 때의 표현

26 정답 **2**

好きなもの→「何」.

오답해설

1 「どちら」→ 두 가지 중
3 「どこ」→ 장소
4 「いくら」→ 가격

독해

もんだい4 (단문)

(1) 「생일 선물」

27 정답 **3**

「妹も大好きな歌」「いっしょに」에서 「妹と聞きました」임을 알 수 있다.

오답해설

1, 2→ 田中 씨와 石川 씨로부터 CD를 받음.
4→ 남동생은 오늘 듣고 있음.

(2) 「도서관은 어디입니까?」

28 정답 **3**

「右にまがる」는 ↱ (오른쪽으로 돌다).
「左にまがる」는 ↰ (왼쪽으로 돌다).

주요어휘

□ **まがる** : 돌다, 방향을 바꾸다
□ **まっすぐ** : 곧장, 똑바로
□ **かど** : 모퉁이

(3) 「홋카이도에 갑니다」

29 정답 **4**

16日の夜はひとりです⇒16일 밤은 만날 시간이 있습니다

오답해설

1→ 15일 낮에 대해서는 쓰여있지 않음.
2, 3→ 友だちといっしょ⇒ 만날 시간이 없음.

もんだい5

「どうぞ」

30 정답 **4**

「本を読んでいましたから、おばあさんがいることがわかりませんでした。」⇒할머니를 보지 않았다.

31 정답 **3**

「次は 電車や バスの 中で おじいさんや おばあさんに 「どうぞ」 と言いたいです。」라고 했으므로, 정답은 3.

주요어휘

□ **すわる** : 앉다

もんだい6

「동물원」

32 정답 **4**

자녀는 3명이지만 고등학생 자녀는 오지 않았다. 온 것은 어른 2명, 10살 아이가 1명, 5살 아이가 1명.
(800×2)+(500×1)+(0×1)=2100엔.

주요어휘

□ **どうぶつえん** : 동물원

청해

もんだい 1 (과제이해)

れい　정답 3

家で、女の 人が 男の 人と 話しています。
女の 人は、男の 人に 何を 出しますか。

F：今日は 寒いですね。温かい ものを 飲み
　　ませんか。
M：ありがとうございます。
F：コーヒー、こうちゃ、あと、お茶も ありま
　　すけど。
M：じゃ、こうちゃを お願いします。
F：さとうや ミルクは 入れますか。
M：あ、はい。

女の 人は、男の 人に 何を 出しますか。

주요어휘
□ 寒い：춥다
□ 温かい：따뜻하다　㉞ 温かいベッド
　　↔□冷たい：차갑다
□ ミルク：우유

1ばん　정답 2

旅行会社の 人が 学生に 話しています。学生
は、はじめに 何を しますか。

F：さくら日本語学校の みなさん、ここに 来
　　て ください。今から みんなで 写真を
　　とります。写真を とった あとは フリー
　　タイムです。ご飯を 食べたり、お寺を 見
　　たり、買い物を したり、好きな ことを
　　して ください。2時に また ここへ 来
　　て ください。では、写真を 撮りましょう。

学生は、はじめに 何を しますか。

주요어휘
□ みなさん：여러분

□ みんなで：모두
□ 写真をとる：사진을 찍다
△ フリータイム：자유시간
□ (お)寺：절
□ 買い物：쇼핑
□ 好き(な)：좋아함
　　↔□ きらい(な)：싫어함

2ばん　정답 3

デパートで、男の 人と 店の 人が 話してい
ます。男の 人は 何階に 行きますか。

M：あのう、すみません。めがね売り場は どこ
　　ですか。
F：6階でございます。
M：6階ですね。あ、ここは 何階ですか。
F：2階でございます。
M：あ、どうも。

男の 人は 何階に 行きますか。

주요어휘
□ 売り場：매장　㉞ おもちゃ売り場
□ 〜でございます：〜입니다
□ どうも：정말 고마웠습니다, 실례했습니다

3ばん　정답 2

教室で、先生が 話しています。学生は 明日、
どの 本を 持ってきますか。

F：明日から 日本語の クラスが 始まります。
　　この 『日本語1』は 毎日 使いますから、
　　忘れないで ください。「2」は、今は 使い
　　ません。それから、明日は 火曜日ですから、
　　漢字の 授業も あります。漢字の 本も
　　持ってきて ください。

M：先生、この　本は？
F：その　本は　練習に　使う　本です。うちで
　　使って　ください。

学生は　明日、どの　本を　持ってきますか。

주요어휘

□ **クラス**：클래스

□ **練習（する）**：연습

□ **うち**：집

4ばん　정답**3**

女の　人と　男の　人が　話しています。男の
人は、何を　しますか。

F：この　部屋、暑いですね。
M：そうですね。窓を　開けましょうか。
F：いえ、今日は　風が　強いですから、窓は
　　開けないで　ください。エアコンを　つけま
　　しょう。
M：そうですね。
男の　人は、何を　しますか。

주요어휘

□ **暑い**：덥다
　↔□**寒い**
□ **強い**：강하다　㉘ 強い雨、強いチーム
　↔□**弱い**：약하다
□ **エアコン**：에어컨
□ **つける（電気を）**：(불, 전기 등을)켜다

5ばん　정답**1**

男の　学生と　女の　学生が　話しています。女
の　学生は　どの　カーテンを　買いますか。

M：明日は　何を　しますか。
F：カーテンを　買います。
M：カーテンを？　小さい　カーテンですか。
F：いえ、大きい　カーテンです。わたしの
　　部屋に　最初から　ありましたが、あまり
　　好きな　デザインではありませんでした。
　　花の　絵で…。

M：そうでしたか。どんな　カーテンに　します
　　か。
F：白で、何も　かいていない　ものに　します。

女の　学生は　どの　カーテンを　買いますか。

6ばん　정답**2**

車の　後ろで、男の　人と　女の　人が　話して
います。男の　人は、どの　かばんを　取ります
か。

M：原さんの　かばんは　どれ？
F：その　白いの。
M：これ？
F：ううん、その　横の。
M：ああ、これ。けっこう　大きいね。

男の　人は、どの　かばんを　取りますか。

주요어휘

□ **後ろ**：뒤　↔□**前**：앞
□ **（～の）横**：옆
□ **けっこう**：꽤, 상당히

7ばん　정답**3**

駅で、女の　人と　駅員が　話しています。女の
人は、何番ホームの　電車に　乗りますか。

F：すみません、1番ホームの　電車は　京都に
　　行きますか。
M：京都ですか。いえ。1番ホームと　2番ホー
　　ムは　大阪　行きです。京都に　行くのは、
　　3番と　4番です。
F：3番と　4番ですね。
M：あ、でも、今日は　日曜日ですから、4番ホー
　　ムの　電車は　京都には　止まりません。
F：そうですか。わかりました。

女の　人は、何番ホームの　電車に　乗りますか。

주요어휘

□ **～番**：～번
△ **ホーム**：홈, 플랫폼

□ ～行き(の電車)：～행, 방면(의 전철)
<small>い　　でんしゃ</small>

□ (駅・場所に)止まる：(역, 장소에) 멈추다
<small>えき　ばしょ　と</small>

제1회 / 제2회 / 제3회 / 문자·어휘 / 문법 / 독해 / 청해

□ 払う：지불하다
<small>はら</small>

□ ～枚：～장, 종이 등을 세는 단위
<small>まい</small>

□ 全部で：전부 합해서
<small>ぜん ぶ</small>

もんだい 2 (포인트 이해)

れい　정답 1

女の　学生と　男の　学生が　話しています。
<small>おんな　がくせい　おとこ　がくせい　はな</small>
二人は　いつ　プレゼントを　買いに　行きます
<small>ふたり　　　　　　　　　　　　　　か　　　い</small>
か。

F：来週、さくらさんの　たんじょう日プレゼン
<small>らいしゅう　　　　　　　　　　　　　び</small>
　　トを　買いに　行きませんか。
<small>か　　い</small>

M：そうですね。5日が　たんじょう日ですから、
<small>いつか　　　　　　び</small>
　　3日か　4日に　行きましょう。
<small>みっか　よっか　い</small>

F：あ、ちょっと　待って　ください。わたしは
<small>ま</small>
　　3日と　4日は　アルバイトが　あります。
<small>みっか　よっか</small>
　　2日は　だめですか。
<small>ふつか</small>

M：いいですよ。じゃあ、授業が　終わった　あ
<small>じゅぎょう　お</small>
　　とに　行きましょう。
<small>い</small>

二人は　いつ　プレゼントを　買いに　行きます
<small>ふたり　　　　　　　　　　　　　か　　　い</small>
か。

□ だめ(な)：안 됨, 불가함

1ばん　정답 4

郵便局で、女の　人と　郵便局の　人が　話して
<small>ゆうびんきょく　おんな　ひと　ゆうびんきょく　ひと　はな</small>
います。女の　人は　いくら　払いますか。
<small>おんな　ひと　　　　　　はら</small>

F：80円の　切手を　2枚　ください。
<small>えん　きって　まい</small>

M：80円の　切手を　2枚ですね。160円です。
<small>えん　きって　まい　　　　　えん</small>

F：あ、それから、はがきも　ください。

M：何枚ですか。
<small>なんまい</small>

F：5枚　お願いします。
<small>まい　ねが</small>

M：では、はがきが　5枚で　250円ですから、
<small>まい　　えん</small>
　　全部で　410円です。
<small>ぜんぶ　えん</small>

F：じゃあ、これで。ちょうどです。

女の　人は　いくら　払いますか。
<small>おんな　ひと　　　　　　はら</small>

2ばん　정답 2

図書館で、男の　学生と　図書館の　人が　話し
<small>としょかん　おとこ　がくせい　としょかん　ひと　はな</small>
ています。男の　学生は、本を　何冊　借りまし
<small>おとこ　がくせい　ほん　なんさつ　か</small>
たか。

M：えーと、借りるのは　ここで　いいですか。
<small>か</small>

F：はい。

M：お願いします。
<small>ねが</small>

F：7冊ですね。…あ、すみません。学生の　方
<small>さつ　　　　　　　　　　　　　　がくせい　かた</small>
　　は　5冊までです。
<small>さつ</small>

M：え？　…そうですか。

F：ええ。先生は　10冊までですが…。
<small>せんせい　さつ</small>

M：わかりました。じゃ、この　2冊は　いいです。
<small>さつ</small>

男の　学生は、本を　何冊　借りましたか。
<small>おとこ　がくせい　ほん　なんさつ　か</small>

□ ～冊：～권, 책 등을 세는 단위
<small>さつ</small>

□ 借りる：빌리다
<small>か</small>

　↔ □ 貸す：빌려 주다
<small>か</small>

□ 方：분
<small>かた</small>

3ばん　정답 2

女の　人と　男の　人が　話しています。男の
<small>おんな　ひと　おとこ　ひと　はな　　　　おとこ</small>
人は、大阪まで　何で　行きましたか。
<small>ひと　おおさか　なに　い</small>

F：お正月は、どこかへ　行きましたか。
<small>しょうがつ</small>

M：大阪の　家へ　帰りました。毎年、正月は
<small>おおさか　いえ　かえ　　　まいとし　しょうがつ</small>
　　親といっしょに　すごします。
<small>おや</small>

F：そうですか。大阪へは　何で　行きますか。
<small>おおさか　なに　い</small>

M：今回は　バスを　使いました。いつもは　車で
<small>こんかい　　　　つか　　　　　　　くるま</small>
　　行きますが、少し　疲れていましたから。
<small>い　　　すこ　つか</small>

F：新幹線や　飛行機は？
<small>しんかんせん　ひこうき</small>

M：新幹線は　便利ですが、ちょっと　高くて…。
<small>しんかんせん　べんり　　　　　　　たか</small>
　　飛行機は、空港が　ちょっと　遠いですね。
<small>ひこうき　くうこう　　　　　　とお</small>

F：そうですか。

男の　人は、大阪まで　何で　行きましたか。
<small>おとこ　ひと　おおさか　なに　い</small>

주요어휘
- □ 正月（しょうがつ）：정월, 설
- □ ～といっしょに：～와 함께
- □ 過（す）ごす：지내다
- □ 疲（つか）れる：피곤하다
- □ 新幹線（しんかんせん）：신칸센, 고속 간선 철도

4ばん　정답 1

女（おんな）の 学生（がくせい）と 男（おとこ）の 学生（がくせい）が 話（はな）しています。女（おんな）の 学生（がくせい）は、明日（あした） 何時（なんじ）ごろ 学校（がっこう）へ 来（き）ますか。

F：明日（あした）の テスト、早（はや）いですね。
M：そうですね。9時（じ）は ちょっと 早（はや）いですね。
F：田中（たなか）さんは 何時（なんじ）に 来（き）ますか。
M：そうですね…テストの 10分（ぷん） ぐらい 前（まえ）に 来（き）ます。
F：そうですか。私（わたし）は 30分（ぷん） ぐらい 前（まえ）に 来（き）て、少（すこ）し 勉強（べんきょう）します。
M：そうですか。

女（おんな）の 学生（がくせい）は、明日（あした） 何時（なんじ）ごろ 学校（がっこう）へ 来（き）ますか。

주요어휘
- □ ～ごろ/ころ：～경, 쯤
- □ ～ぐらい/くらい：～정도

5ばん　정답 3

男（おとこ）の 学生（がくせい）と 女（おんな）の 学生（がくせい）が 話（はな）しています。二人（ふたり）は いつ 映画（えいが）を 見（み）に 行（い）きますか。

M：今週（こんしゅう）、一緒（いっしょ）に 映画（えいが）を 見（み）に 行（い）きませんか。
F：今週（こんしゅう）は ちょっと…。忙（いそが）しくて。
M：そうですか…。
F：でも、来週（らいしゅう）は 大丈夫（だいじょうぶ）ですよ。火曜日（かようび）か 水曜日（すいようび）は どうですか。
M：そうですか。じゃあ、火曜日（かようび）が いいです。水曜日（すいようび）は バイトが ありますから。
F：いいですよ。

二人（ふたり）は いつ 映画（えいが）を 見（み）に 行（い）きますか。

주요어휘
- □ 今週（こんしゅう）はちょっと…。：이번 주는 좀 어렵다（＝갈 수 없다）.

□ バイト： アルバイト의 준말, 아르바이트

6ばん　정답 3

男（おとこ）の 人（ひと）と 女（おんな）の 人（ひと）が 話（はな）しています。女（おんな）の 人（ひと）は、明日（あした）、どこへ 行（い）きますか。

M：山田（やまだ）さんは 休（やす）みの 日（ひ）、何（なに）を しますか。
F：そうですね、公園（こうえん）で ジョギングしたり、デパートに 買（か）い物（もの）に 行（い）ったりします。
M：そうですか。明日（あした）は 何（なに）を しますか。
F：明日（あした）は 雨（あめ）ですから、たぶん、図書館（としょかん）で 本（ほん）を 読（よ）みます。田中（たなか）さんは？
M：私（わたし）は、友（とも）だちと 映画（えいが）を 見（み）に 行（い）きます。
F：そうですか。

女（おんな）の 人（ひと）は、明日（あした）、どこへ 行（い）きますか。

주요어휘
- □ ジョギング（する）：조깅

もんだい3（발화표현）

れい　정답 2

M：ご飯（はん）を 食（た）べます。何（なん）と 言（い）いますか。

F：1 ごちそうさまでした。
　　2 いただきます。
　　3 じゃ、また。

1ばん　정답 1

M：初（はじ）めて 会（あ）う 人（ひと）に あいさつを します。何（なん）と 言（い）いますか。

F：1 山田（やまだ）です。よろしく お願（ねが）いします。
　　2 山田（やまだ）です。どういたしまして。
　　3 山田（やまだ）です。こちらこそ。

주요어휘
- □ どういたしまして：천만에요
- □ こちらこそ：이쪽이야 말로

2ばん　정답**3**

F：先生の　部屋に　入ります。何と　言います
　　か。

M： 1 ただいま。
　　2 入りました。
　　3 失礼します。

주요어휘

□ **ただいま**：다녀왔습니다

3ばん　정답**2**

M：友だちに　おみやげを　あげます。何と　言
　　いますか。

F： 1 これ、わたしの　国の　おかしです。1つ、
　　　もらいます。
　　2 これ、わたしの　国の　おかしです。1つ、
　　　どうぞ。
　　3 これ、わたしの　国の　おかしです。1つ、
　　　ください。

주요어휘

□ **おみやげ**：선물

4ばん　정답**1**

F：食堂です。ここに　座りたいです。何と　言
　　いますか。

M： 1 ここ、いいですか。
　　2 ここ、座りませんか。
　　3 ここ、座りましょうか。

5ばん　정답**1**

M：食堂で、友だちと　食べています。塩が　ほ
　　しいです。何と　言いますか。

F： 1 すみません、そこの　塩を　取って　く
　　　ださい。
　　2 すみません、そこの　塩を　使いましょ
　　　うか。
　　3 すみません、この　塩を　あげますか。

주요어휘

□ **塩**：소금

□ **〜がほしい**：〜 을 원하다 , 〜 이 필요하다

もんだい4 (즉시응답)

れい　정답**2**

F：コンビニは　どこですか。

M： 1 買い物です。
　　2 あそこです。
　　3 こちらこそ。

주요어휘

□ **コンビニ**：편의점

1ばん　정답**3**

F：今、何時ですか。

M： 1 4月です。
　　2 4日です。
　　3 4時です。

2ばん　정답**1**

M：田中さんは、大学は　どこですか。

F： 1 ふじ大学です。
　　2 東京に　あります。
　　3 東京駅から　近いです。

3ばん　정답**2**

M：旅行は　どうでしたか。

F： 1 京都でした。
　　2 楽しかったです。
　　3 3日間でした。

4ばん　정답 **1**

M：<u>いっしょに</u>　昼ご飯を　食べませんか。

F：1　ええ、いいですね。
　　2　ええ、食べません。
　　3　いえ、食べます。

주요어휘

□ いっしょに：함께

5ばん　정답 **3**

F：この　薬は　ご飯の　あとに　飲んで　ください。

M：1　はい、そう　しましょう。
　　2　はい、お願いします。
　　3　はい、わかりました。

6ばん　정답 **3**

F：この　車、どこのですか。

M：1　赤いのです。
　　2　私のです。
　　3　日本のです。

정답

🗒 언어지식 (문자·어휘)

問題 1 もんだい		問題 3 もんだい	
1	4	19	3
2	3	20	4
3	1	21	2
4	3	22	4
5	4	23	2
6	3	24	3
7	3	25	4
8	3	26	4
9	2	27	1
10	2	28	2
問題 2 もんだい		**問題 4** もんだい	
11	1	29	1
12	2	30	1
13	4	31	2
14	3	32	3
15	1	33	3
16	4		
17	1		
18	1		

🗒 언어지식 (문법)·독해

問題 1 もんだい		問題 3 もんだい	
1	4	22	2
2	3	23	2
3	3	24	4
4	1	25	4
5	1	26	3
6	3	**問題 4** もんだい	
7	1	27	3
8	4	28	4
9	2	29	2
10	2	**問題 5** もんだい	
11	4	30	2
12	1	31	4
13	3	**問題 6** もんだい	
14	2	32	1
15	4		
16	1		
問題 2 もんだい			
17	1		
18	1		
19	4		
20	3		
21	2		

💬 청해

問題 1 もんだい		問題 3 もんだい	
れい	3	れい	2
1	1	1	2
2	1	2	3
3	3	3	1
4	1	4	1
5	4	5	1
6	1	**問題 4** もんだい	
7	3	れい	2
問題 2 もんだい		1	3
れい	1	2	3
1	4	3	2
2	4	4	1
3	3	5	2
4	2	6	2
5	1		
6	3		

※해설에서는 「주요어휘」에 N5레벨의 어휘를 싣고,
체크박스(□)를 붙였습니다. 설명을 위해 사용한
일부 어려운 어휘에는 △가 붙어 있습니다.

언어지식 (문자 · 어휘)

N＝명사	Vた形＝동사의 た형
A＝い형용사	Vて形＝동사의 て형
Na＝な형용사	Vます形＝동사의 ます형
	Vじしょ形＝동사의 사전형

もんだい1

1 정답 **4**

☐ **銀行**：은행

☐ ▶ **銀**＝ギン　　　　㉙ 銀行員

☐ ▶ **行**＝コウ／いーきます

　　　㉙ 旅行、急行／学校へ 行きます。

2 정답 **3**

☐ **右**：오른쪽

☐ ▶ **右**＝みぎ　　　㉙ 右側、右手、右足

3 정답 **1**

☐ **走ります**：달립니다

☐ ▶ **走**＝はしーります

　　　㉙ 学校まで 走って きました。

4 정답 **3**

☐ **北**：북, 북쪽

☐ ▶ **北**＝ホク／きた

　　　㉙ 北海道／北側(북쪽)

5 정답 **4**

☐ **暗い**：어둡다

☐ ▶ **暗**＝アン／くらーい

　　　㉙ 暗記(암기)／暗い 部屋

6 정답 **3**

☐ **父**：아버지

☐ ▶ **父**＝ちち　　㉙ 父親

7 정답 **3**

☐ **十日**：십 일, 열흘

☐ ▶ **十**＝ジュウ／とお

　　　㉙ 十時、十回、十日

☐ ▶ **日**→제1회 **3** 참조

8 정답 **3**

☐ **動物**：동물

☐ ▶ **動**＝ドウ／うごーきます

　　　㉙ 自動車／ボタンを 押しましたが、機械 が 動きません。

☐ ▶ **物**＝ブツ／モツ／もの

　　　㉙ 動物園／荷物／食べ物、建物、着物

9 정답 **2**

□ **若い**(わか) : 젊다

□ ▶ **若**=わかーい

  예 若者(젊은이, 청년)(わかもの)

10 정답 **2**

□ **電話**(でんわ) : 전화

□ ▶ **電**=デン

  예 電車(でんしゃ)、電気(でんき)、電池(건전지)(でんち)

□ ▶ **話**=ワ／はなし、はなーします

  예 鳥(とり)の 世話(せわ)を します。／おもしろい 話(はなし)／日本語(にほんご)で 話(はな)します。

もんだい２

11 정답 **1**

□ **カレンダー** : 달력

□의 가타카나에서 「カレンダー」와 다른 곳은 어디인지 찾아 봅시다.

2 カレ ソ ダー　3 カレ ツ ダー　4 カ ル ソ ダー

12 정답 **2**

□ **読みます**(よ) : 읽습니다

□ ▶ **読**=よーみます

  예 寝(ね)る 前(まえ)に 本(ほん)を 読(よ)みます。

13 정답 **4**

□ **男**(おとこ) : 남자

□ ▶ **男**=ダン／おとこ

  예 *男子(だんし)トイレ／男(おとこ)の 人(ひと)、男(おとこ)の 子(こ)

  ＊男子(남자)(だんし)

14 정답 **3**

□ **人**(ひと) : 사람

□ ▶ **人**=ニン　ジン　／ひと

  예 五人(ごにん)、外国人(がいこくじん)／知(し)らない 人(ひと)

15 정답 **1**

□ **名前**(なまえ) : 이름

□ ▶ **名**=メイ／な

  예 有名(ゆうめい)な 店(みせ)／うちの 犬(いぬ)の 名前(なまえ)は メイです。

□ ▶ **前**=まえ

  예 家(いえ)の 前(まえ)、前(まえ)の 週(しゅう)、５分前(ふんまえ)

16 정답 **4**

□ **休みます**(やす) : 쉽니다

□ ▶ **休**=やすーみます

  예 かぜで 学校(がっこう)を 休(やす)みました。／月曜日(げつようび)は お店(みせ)は 休(やす)みです。／昼休(ひるやす)み、夏休(なつやす)み

17 정답 **1**

□ **書きます**(か) : 씁니다

□ ▶ **書**=かーきます

  예 住所(じゅうしょ)を 書(か)いてください。

18 정답 **1**

□ **小さい**(ちい) : 작다

□ ▶ **小**=ショウ／ちいーさい

  예 小学校(しょうがっこう)／私(わたし)の 家(いえ)は 小(ちい)さいです。

もんだい３

19 정답 **3**

□ **エアコン**：에어컨

　例 エアコンを　つける

1 **エアメール**：에어 메일, 항공 우편(물)

　例 エアメールで　送ります。
　　　　　　　　おく

2 **エレベーター**：엘리베이터

　例 エレベーターで　10階に　行きます。
　　　　　　　　　　　かい　い

4 **エスカレーター**：에스컬레이터

　例 エスカレーターで　降ります。
　　　　　　　　　　　お

20 정답 **4**

□ **こたえます**：대답합니다

　例 質問に　答えて　ください。
　　しつもん　こた

1 **しめます**：닫습니다

　例 まどを　閉めます。
　　　　　し

2 **まちます**：기다립니다

　例 駅で　友だちを　待ちます。
　　えき　とも　　　　ま

3 **たちます**：섭니다

　例 電車の　中では　いつも　立ちます。
　　でんしゃ　なか　　　　　　た

21 정답 **2**

□ **おります**：(아래로) 내려갑니다

　例 階段を　降ります。
　　かいだん　お

1 **かります**：빌립니다

　例 友達に　お金を　借りました。
　　ともだち　かね　　か

3 **たちます**：섭니다

　例 いすに　座っている人は　立って　ください。
　　　　　すわ　　　　ひと　た

4 **いきます**：갑니다

　例 会社へ　行きます。
　　かいしゃ　い

22 정답 **4**

□ **すき（な）**：좋아함

　例 くだものの　中で　イチゴが　一番　好き
　　　　　　　なか　　　　　　いちばん　す
　　です。

1 **しずか（な）**：조용함

　例 この　町は　車が　少なくて　静かです。
　　　　まち　くるま　すく　　　しず

2 **じょうぶ（な）**：튼튼함

　例 この　靴は　10年　はいています。とても
　　　　くつ　　ねん
　　じょうぶです。

3 **べんり（な）**：편리

　例 スーパーが　近くて　便利です。
　　　　　　　ちか　　べんり

23 정답 **2**

□ **～まい**：～장, 종이 등을 세는 단위

　例 80円　切手を　1枚　ください。
　　えん　きって　まい

1 **～だい**：～대

　例 テレビを　1台　教室に　置きました。
　　　　　だい　きょうしつ　お

3 **～グラム**：～그램

　例 豚肉を　200グラム　ください。
　　ぶたにく

4 **～かい**：～회, 번

　例 この　映画は　5回　見ました。
　　　　えいが　かい　み

24 정답 **3**

□ **めがね**：안경

　例 めがねを　かける

1 **くつ**：신발　例 新しい　くつを　はきました。
　　　　　　　　　あたら

2 **かぎ**：열쇠　例 ドアに　かぎを　かけました。

4 **でんわ**：전화

　例 電話を　かける　ときは、外に　出ます。
　　でんわ　　　　　　そと　で

2→「となりの　へやの　かぎを　かけた　ひと
　は～」는 ○.

4→「となりで　電話を　かけている　ひとは
　　　　でんわ
　～」는 ○.

25 정답 **4**

□ **のみます**：마십니다

> ㉠ ジュースを　飲みます。／かぜの　薬を
> 　　　　　　　　の
> 飲みます。
> の

1 **のります**：탑니다

> ㉠ 電車に　乗ります。
> 　でんしゃ　　の

2 **たべます**：먹습니다

> ㉠ 朝食を　食べます。
> 　ちょうしょく　た

3 **でかけます**：외출합니다

> ㉠ 買い物に　出かけます。
> 　か　もの　　で

26 정답 **4**

□ **まど**：창, 창문

> ㉠ 窓を　閉めます。／窓を　開けます。
> 　まど　し　　　まど　あ

1 **みち**：길

> ㉠ 夜は　明るい　道を　歩きます。
> 　よる　あか　　みち　ある

2 **まち**：마을

> ㉠ 町は　夜でも　明るいです。
> 　まち　よる　　あか

3 **はし**：다리, 교각

> ㉠ 橋を　渡ります。
> 　はし　わた

27 정답 **1**

□ **ようか** ⇒ 8일

28 정답 **2**

```
              まえ              うえ
                               ↑
  ひだり               みぎ
 （よこ）     △      （よこ）     ↓
                               した
              うしろ
```

もんだい 4

29 정답 **1**

□ **せんたくします**：세탁합니다
⇒ あらいます

30 정답 **1**

□ **（ものを）かします**：빌려줍니다
⇒ (물건이) A 에서 B 로 이동함

わたし（A）は　たなかさん（B）に　かさを
かしました。
⇒「かさ」は　「たなかさん」の　ところに　あ
ります。

31 정답 **2**

□ **つとめています**：근무하고 있습니다
⇒ はたらいています

32 정답 **3**

□ **おばあさん**：할머니
＝ おかあさん／おとうさんのおかあさん

33 정답 **3**

□ **けさ**：오늘 아침
＝ 今日の朝
　きょう　あさ

언어지식 (문법) · 독해

문법

もんだい1

1 정답 **4**

これ（は）　リサさんの　本です。
1で　　　2を　　　3に　　　4は

□ **〜は** ： 〜은(는)

⑩ ここは　教室です。

오답해설

1 公園で　サッカーを　します。（〜에서/동작의 장소）

2 ごはんを　食べます。（〜을/동작의 대상）

3 教室に　テレビが　あります。（〜에/존재의 장소）

2 정답 **3**

「この　りょうり、わたしが　作りました。田中さん（も）　食べてください。」
「ありがとうございます。」
1に　　　2や　　　3も　　　4で

□ **〜も** ： 〜도

⑩ 今日は　授業が　あります。明日も　授業が　あります。

오답해설

1 部屋に　入ります。（〜에/도착점）

2 スーパーで　野菜や　果物を　買いました。
（〜며, 〜이랑/주된 예로 A, B를 들다）

4 教室で　友だちを　待ちます。（〜에서/장소）

3 정답 **3**

わたしたちは　きのう、こうえん（を）　さんぽしました。
1に　　　2や　　　3を　　　4の

□ **〜を** ： 〜을(를)

⑩ 毎朝、この道を　歩きます。（〜을/장소+이동동사）

※이동동사 : 通る, 散歩する 등

오답해설

1 友だちに　誕生日プレゼントを　もらいました。（〜에게 〜을 받다/〜に〜をもらう）

2 公園や　びじゅつかんが　あります。（A와 B/A 또는 B）

4 これは　私の　本です。（N＋の＋N）

4 정답 **1**

わたしは　日本語の　じしょ（が）　ほしいです。
1が　　　2を　　　3の　　　4に

□ **〜がほしい** ： 〜을 원하다

⑩ わたしは　新しい　かばんが　ほしいです。

오답해설

2 教室を　出ます。（〜을/기점, 시작점）

4 わたしは　日曜日、買い物に　行きました。（〜하러/목적）

5 정답 **1**

きょうしつ（ に ）　学生が　5人　います。
がくせい　　にん

1 に　　　2 を　　　3 は　　　4 へ

□ **～に** : ～에

　예) 公園に　子どもが　います。（～에/존재의 장소）
　　　こうえん

오답해설

2 すきやきを　食べます。（～을/동작의 대상）
　　　　　　た

3 Aさんは　行きますが、Bさんは　行きません。
　　　　　い
　（～은/대비）

4 東京へ　行きます。（～에/방향）
　とうきょう　い

6 정답 **3**

じゅぎょうは　ごご4時（ に ）　終わりま
　　　　　　　　じ　　　　　　お
す。

1 から　　2 まで　　3 に　　　4 が

□ **～に**

　예) 毎朝　6時に　起きます。（～에/시간）
　　　まいあさ　じ　お

오답해설

1, 2 授業は　9時から　12時までです。（～부터
　じゅぎょう　じ　　　じ
　～까지/기점과 종점）

4 わたしは　この本が　好きです。（～을）
　　　　　　　ほん　す

7 정답 **1**

これは　日本（ の ）　ちずです。
　　　　にほん

1 の　　　2 で　　　3 と　　　4 か

□ **～の**

　예) これは　日本語の　本です。（N＋の＋N）
　　　　　にほんご　ほん

오답해설

2 かぜで　学校を　休みました。（～으로/원인）
　　　　がっこう　やす

3 友だちと　買い物に　行きます。（A와 함께）
　とも　　か　もの　い

4 鉛筆か　ボールペンで　書いてください。
　えんぴつ　　　　　　　か
　（A나 B）

8 정답 **4**

「（ どれ ）が　田中さんの　かばんですか。」
　　　　　　たなか
「これです。」

1 どこ　　2 なに　　3 どう　　4 どれ

□ **どれ** : 어느 것

　예) リサさんの　本は　どれですか。
　　　　　　ほん

오답해설

1 どこで　昼ご飯を　食べましたか。（어디）
　　　　ひる　はん　た

2 昼ご飯に　何を　食べましたか。（무엇）
　ひる　はん　なに　た

3 ことばが　わからない　とき、どうしますか。
　（어떻게）

9 정답 **2**

「ここで　しゃしんを　（ とらないで ）くだ
さい。」

1 とらなくて　　　　　2 とらないで
3 とらなかって　　　　4 とってなくて

□ **～ないでください** : ～하지 마세요

　예) 教室では、ご飯を　食べないでください。（＝
　　　きょうしつ　　はん　た
　Vナイ＋でください）

오답해설

1, 3, 4 모두「～ください」의 형태를 만들 수 없음.

10 정답 **2**

「よく　テレビを　見ますか。」
　　　　　　　み
「いいえ。あまり　（ 見ません ）。」
　　　　　　　　　み

1 見ます　　　　　　2 見ません
　み　　　　　　　　　み
3 見ました　　　　　4 見ませんでした
　み　　　　　　　　　み

□ **あまり＋「～ナイ」** : 그다지 ～않다

　예) 私は　スポーツが　あまり　好きじゃありませ
　　　わたし　　　　　　　　　す
　ん。

오답해설

4 A「…見ますか」→과거의 일이 아님.
　　　　み

11 정답 4

「もう、しゅくだいは　おわりましたか。」
「いいえ、まだ　（　おわっていません　）。」

1 おわります　　　　2 おわりませんでした
3 おわっています　　4 おわっていません

□ **まだ～ていません**：아직 ～지 않았습니다
　예 A「もう、この 映画（えいが）を 見（み）ましたか。」
　　B「いいえ、まだ 見（み）ていません。」(미완료)

12 정답 1

「すてきな　とけいですね。」
「ありがとうございます。たんじょう日（び）に　母（はは）に　（　もらいました　）。」

1 もらいました　　　2 くれました
3 あげました　　　　4 やりました

□ **（～は）～に ～を もらいます**：～에게 ～을 받습니다
　예 わたしは　友（とも）だちに　おみやげを　もらいました。（＝友（とも）だち→わたし）

2 母（はは）は　私（わたし）に　プレゼントを　くれました。
　（＝母（はは）→私（わたし））
3 母（はは）は　弟（おとうと）に　プレゼントを　あげました。
　（＝母（はは）→弟（おとうと））
4 私（わたし）は　犬（いぬ）に　えさを　やりました。
　（＝私（わたし）→犬（いぬ））

13 정답 3

子どもが　ねていますから、（　しずかに　）してください。

1 しずか　　　　　　2 しずかな
3 しずかに　　　　　4 しずかで

□ **Na＋に する**：～(하)게 하다
　예 部屋（へや）を　きれいにする。

14 정답 2

ごはんを　食（た）べる（　まえに　）、手（て）を　あらいましょう。

1 の まえに　　　　2 まえに
3 の あとで　　　　4 あとで

□ **～まえに**：～전에
　예 寝（ね）る　まえに、本（ほん）を　読（よ）みます。
　　（V사전형 ＋ まえに）

1 テストの　まえに、トイレに　行（い）きます。
　（N ＋の　まえに）
3 おふろの　あとで、ビールを　飲（の）みます。
　（N ＋の　あとで）
4 ご飯（はん）を　食（た）べた　あとで、映画（えいが）に　行（い）きませんか。（Vた형＋あとで）

15 정답 4

けさは　時間（じかん）が　ありませんでしたから、おべんとうを　（　つくりませんでした　）。

1 つくります　　　　2 つくりましょう
3 つくりました　　　4 つくりませんでした

「けさ」⇒과거⇒Vた형

16 정답 1

「明日（あした）　いっしょに　カラオケに　（　行（い）きませんか　）。」
「いいですね。行（い）きましょう。」

1 行（い）きませんか
2 行（い）きませんでしたか
3 行（い）っていませんか
4 行（い）きましたか

□ **～ませんか**：～하지 않겠습니까?
　예 今日（きょう）　いっしょに　カラオケに　行（い）きませんか。(*권할 때의 표현)
　＊誘（さそ）う：권유하다

もんだい 2

17 정답 1

「先生、テストは　ボールペンで　書きますか。」
「いいえ。4えんぴつ3で　1書いて2ください。」

18 정답 1

「田中さん2の　4家1に　3パソコンは　何だい
ありますか。」
「2だい　あります。」

19 정답 4

「この　本は　どうでしたか。」
「かんじ3が　2むずかしくて　4よく　1わかり
ませんでした。」

20 정답 3

「この近くに、4やすくて　1おいしい　3レスト
ラン2は　ありませんか。」
「ええ。駅の　前に　ありますよ。「フラワー」
と　いう　レストランです。」

21 정답 2

「カルロスさんの　国3から　4日本2まで　1ひこ
うきで　何時間　かかりますか。」
「8時間ぐらい　かかります。」

もんだい 3

22 정답 2

☐ **~で** : ~에, ~해서
　㉠ トマトは　5つで　300円です。

23 정답 2

☐ **それから**
　㉠ きのうは　本を　読んで、それから　宿題
　を　しました。（AそれからB＝A를 하고 다
　음에 B를 하다）

오답해설

1 ㉠ふじホテルは　きれいです。でも、駅から
　遠いです。（하지만/역접）

3 ㉠さくらホテルは　広いです。それに、駅か
　ら　近いです。（게다가/첨가）

4 ㉠では、わたしは　そろそろ　帰ります。
　（＝じゃあ）

24 정답 4

이유 「雨でした」⇒결과 「行きませんでした」。
　※ 과거→「~でした」

25 정답 4

☐ **~は/が（わたしに）~を　くれる** : ~은,가(낭
게) ~을 주다
　㉠ 友だちが　わたしに　本を　くれました。
　（友だち⇒わたし）

오답해설

1、3 ㉠ わたしは　友だちに　本を　あげました。
　（わたし⇒友だち）

2 ㉠ V보통형＋N

26 정답 3

☐ **~に** : ~하러
　㉠ 映画を　見に　行きます。（목적　Vます형
　＋に＋行きます/来ます）

독해

もんだい 4 (단문)

(1) 「오사카에 갑니다」

[27] 정답 **3**

「弟が大阪に住んでいますから、会いに行きます」라고 했으므로, 정답은 3.

(2) 「백화점에 갑니다」

[28] 정답 **4**

「(〜が)スカートを買いました。」「シャツも買いました。」라고 했으므로, 정답은 4.
「いつもズボンをはきますが…買いました。」
⇒바지가 아니라 스커트를 샀다.

(3) 「내일은 파티」

[29] 정답 **2**

「ジュースとお茶はこれから買いに行きます」
이므로, 정답은 2.

오답해설
1→ 어제는 젓가락과 종이컵을 삼.
3→ 내일 아침은 케이크를 만듦.
4→ 내일 12시까지 아키코 씨가 옴.

もんだい 5

「베트남 요리」

[30] 정답 **2**

「田中さんは、昔ベトナムに住んでいたことがありますから」라고 했으므로, 정답은 2.

오답해설
4→ 다나카 씨는 오랜만에 만듦. 매일이 아님.

[31] 정답 **4**

「来週の31日は母のたんじょう日〜ベトナムりょうりを作ります。」라고 했으므로, 정답은 4.

오답해설
1→ 저번주 일요일에 갔음.
2→ 내년에 베트남으로 여행을 가고 싶음.
3→ 레스토랑에 대해서는 쓰여있지 않음.

もんだい 6

「스포츠 클럽」

[32] 정답 **1**

「週2回行く」「仕事は午後6時半まで」이기 때문에.

오답해설
2→ (テニス) → 주 3회×, 오후 6시 반부터×.
3→ (ダンス) → 오후 6시부터×.
4→ (ゴルフ) → 토요일×(그림 교실이 있음).

주요어휘
□ スポーツクラブ : 헬스클럽
□ すいえい : 수영
□ たいそう : 체조

제1회

제2회

제3회

문자 어휘

문법

독해

청해

청해

もんだい1 (과제이해)

れい　정답3

家で、女の　人が　男の　人と　話しています。
女の　人は、男の　人に　何を　出しますか。

F：今日は　寒いですね。温かい　ものを　飲みませんか。
M：ありがとうございます。
F：コーヒー、こうちゃ、あと、お茶も　ありますけど。
M：じゃ、こうちゃを　お願いします。
F：さとうや　ミルクは　入れますか。
M：あ、はい。

女の　人は、男の　人に　何を　出しますか。

주요어휘

□ 寒い：춥다
□ 温かい：따뜻하다　⑨ 温かいベッド
　↔ □冷たい：차갑다
□ ミルク：우유

1ばん　정답1

デパートで、男の　人と　店の　人が　話しています。男の　人は、どこへ　行きますか。

M：あのう、すみません、お手洗いは　どこですか。
F：お手洗いは　あちらの　階段の　横に　ございます。
M：かばん売り場の　むこうですね。
F：ええ。
M：わかりました。どうも。

男の　人は、どこへ　行きますか。

주요어휘

□ お手洗い：화장실

□ 階段：계단
□ (〜の)横：옆
□ 〜にございます。：〜에 있습니다
□ むこう：건너편

2ばん　정답1

教室で、先生が　話しています。学生は、はじめに　どの　ページを　開けますか。

F：今から　日本語の　テストを　します。テストは　全部で　4ページ　あります。1ページは　聞く　問題です。2ページから　4ページは　書く　問題で、4ページには　漢字の　問題も　あります。はじめに　聞く　問題を　します。時間は10分です。では、問題を　開けてください。

学生は、はじめに　どの　ページを　開けますか。

주요어휘

□ ぜんぶで：전부
□ 問題：문제
□ はじめに：우선
□ 開ける：펴다, 열다

3ばん　정답3

学校で、女の　学生と　男の　学生が　話しています。女の　学生は　どの　先生の　ところへ　行きますか。

F：山田さん、この　紙は、書いたあと、どの　先生に　出しますか。
M：田中先生ですよ。
F：田中先生？　男の　先生ですか。女の　先生ですか。
M：男の　先生です。めがねを　かけていて、背が　高い　先生です。

F : そうですか。じゃ、あとで　田中先生の　と
　　ころに　持っていきます。

女の　学生は　どの　先生の　ところへ　行きま
すか。

주요어휘

□ 出す : 보내다

□ めがねをかける : 안경을 쓰다

□ 背が高い : 키가 크다
　↔ □ 背が低い : 키가 작다

□ 持っていく : 가지고 가다

4 ばん　정답 1

店で、女の　人と　男の　人が　話しています。
男の　人は、どの　ハンカチを　買いますか。

F : 山田さんの　娘さんの　誕生日プレゼント、
　　ハンカチに　しませんか。

M : ああ、いいですね。

F : この　ピンクの　花のは　どうですか。女の
　　子は　好きだと　思いますよ。ああ　こっち
　　の　くだものが　いろいろ　かいてあるのも、
　　かわいいですね。

M : どっちも　いいですね。…あ、これは　どう
　　ですか。山田さんの　家、犬が　2匹　いま
　　すよね。

F : ええ。ちょうど　これと　同じですよ。黒い
　　のと　白いのです。いいですね、これに　し
　　ましょう。

M : じゃ、買ってきますね。

男の　人は、どの　ハンカチを　買いますか。

주요어휘

□ 娘 : 딸

□ ～さん : 사람을 가리킬 때의 정중한 말투
　예 お子さん(＝子どもさん)、お客さん

□ ～と思います。 : ~라고 생각합니다.

□ どっちも : 어느 쪽도

□ ～と同じ : ~과 같음

5 ばん　정답 4

学校で、先生と　学生が　話しています。学生は、
いすを　どう　並べますか。

F : 明日　この　教室で　スピーチコンテストを
　　しますから、いすを　並べて　ください。

M : はい。どう　並べますか。

F : 横に　6つ、縦に　8つ、並べて　ください。

M : 横に　6つ、縦に　8つですね。わかりました。

学生は、いすを　どう　並べますか。

주요어휘

□ スピーチコンテスト : 스피치 콘테스트

□ 並べる : 늘어 놓다, 나란히 놓다

□ 横(の) : 가로

□ 縦(の) : 세로

6 ばん　정답 1

病院で、病院の　人と　女の　人が　話しています。
女の　人は　どこに　座りますか。

M : 山田さん。

F : はい。

M : じゃあ、名前を　呼びますから、それまで、
　　あそこの　いすで　ちょっと　待っていて
　　ください。

F : あの　窓の　そばの　ソファーですか。

M : ええ、そうです。

女の　人は　どこに　座りますか。

주요어휘

□ そば : 옆, 근처

□ ソファー : 소파

7 ばん　정답 3

学校で、男の　学生と　学校の　人が　話してい
ます。男の　学生は　何時　ごろに　もう一度
来ますか。

M : すみません、山田先生は　いますか。

F : いえ、まだ　来ていませんが…。

M：そうですか。何時ごろに　来ますか。

F：<u>もうすぐ</u>　来ますよ。10時から　授業が　あります<u>から</u>。

M：そうですか。あのう…　次の　11時からの　授業も　ありますか。

F：いえ、午前中は　その　授業だけですから、また、ここに　<u>戻ってきますよ</u>。

M：わかりました。じゃ、授業が　終わる　ころ、また　来ます。

男の　学生は　何時　ごろに　もう一度　来ますか。

□ ～ごろ/ころ：～경, 쯤

□ もうすぐ：이제 곧

□ 戻ってくる：돌아 오다

もんだい2(포인트 이해)

れい　정답1

女の　学生と　男の　学生が　話しています。二人は　いつ　プレゼントを　買いに　行きますか。

F：来週、さくらさんの　たんじょう日プレゼントを　買いに　行きませんか。

M：そうですね。5日が　たんじょう日ですから、3日か　4日に　行きましょう。

F：あ、ちょっと　待って　ください。わたしは　3日と　4日は　アルバイトが　あります。2日は　<u>だめ</u>ですか。

M：いいですよ。じゃあ、授業が　終わった　あとに　行きましょう。

二人は　いつ　プレゼントを　買いに　行きますか。

□ だめ（な）：안 됨

1ばん　정답4

男の　人と　女の　人が　話しています。女の　人の　たんじょう日は　いつですか。

M：きれいな　花ですね。

F：ええ、たんじょう日に　友だちに　<u>もらいました</u>。

M：へえ。いつですか。

F：おとといです。11日です。

M：そうですか。…えっ、じゃあ、1が　4つ　<u>並びます</u>ね。

F：ええ、そうですよ。

女の　人の　たんじょう日は　いつですか。

□ もらう：받다

　↔あげる：주다

□ 並ぶ：늘어서다

2ばん　정답4

大学で、男の　学生と　女の　学生が　話しています。二人は、どこで　食べますか。

M：山田さん、<u>お昼</u>、いっしょに　食べませんか。

F：いいですよ。

M：じゃあ、学生食堂が　新しくなったから、行きませんか。

F：そうですねえ…。でも、今日は　天気が　いいから、外で　食べたいです。朝から　<u>ずっと</u>、教室の　中に　いましたから。

M：じゃあ、お店で　パンか　<u>お弁当</u>を　買って、さくら公園まで　行きましょうか。

F：ええ、そう　しましょう。

二人は、どこで　食べますか。

□ お昼：점심 식사

□ ずっと：줄곧, 계속

□ （お）弁当：도시락

3ばん 정답 **3**

レストランで、女の 人と 店の 人が 話してい
ます。女の 人は、何を 食べますか。

F：すみません、これは <u>とり肉</u>ですか。
M：いえ、こちらは <u>ぶた肉</u>でございます。
F：そうですか。これは？
M：こちらは 魚です。
F：そうですか…。あのう、とり肉の 料理は
　ありませんか。
M：はい。…こちらです。
F：じゃ、これを お願いします。

女の 人は、何を 食べますか。

주요어휘

□ **とり肉**：닭고기

□ **ぶた肉**：돼지고기

□ **～でございます。**：~입니다.

□ **魚**：생선

4ばん 정답 **2**

大学で、男の 学生と 女の 学生が 話してい
ます。明日の パーティーに、先生は 何人 来
ますか。

M：明日の クラスの パーティーには、全部で
　何人くらい 来ますか。
F：えーと、来ない 人が 3人 いますから、
　全部で 24人です。
M：そうですか。先生たちも 来ますか。
F：ええ。山田先生と 田中先生が 来ます。
M：川島先生は？
F：川島先生は 来ないと 言っていました。
M：そうですか。

明日の パーティーに、先生は 何人 来ますか。

주요어휘

□ **～たち**：사람 등의 복수형을 나타냄

　　㉘ **男の 人たち**

□ **～と 言っていました。**：~라고 했습니다

5ばん 정답 **1**

男の 人と 女の 人が 話しています。明日の
午後、女の 人は どこへ 行きますか。

M：明日の 午後、いっしょに 映画を 見に
　行きませんか。
F：すみません。<u>明日は ちょっと…</u>。
M：忙しいですか。
F：ええ。午前は、病院へ 行ったり、荷物を出
　しに 郵便局へ 行ったりします。午後は、
　山田先生の 授業の レポートを 書きま
　す。月曜日に 出しますから。
M：え？ そのレポート、出すのは 金曜日まで
　ですよ。
F：本当ですか!? じゃ、わたしも 映画を 見
　に 行きたいです。
M：じゃ、行きましょう。

明日の 午後、女の 人は どこへ 行きますか。

주요어휘

□ **(～は)ちょっと…。**：권유 등을 부드럽게 거절할
　때의 말투, (~은) 좀…

□ **荷物を出す**：짐을 보내다

□ **本当**：정말

6ばん 정답 **3**

パーティーで、男の 人と 女の 人が 話してい
ます。女の 人は、何を 飲みますか。

M：あ、山田さん、<u>飲み物が</u> ありませんね。何
　を 飲みますか。ビールと ワイン、あと、
　ジュースと お茶が ありますけど。
F：あのう、コーヒーは ありませんか。
M：うーん、コーヒーは ありませんねえ。
F：そうですか。温かいものは ありませんか。
M：…ああ、温かい お茶は <u>できますよ</u>。
F：そうですか。じゃ、それを お願いします。
女の 人は、何を 飲みますか。

주요어휘

□ **飲み物**：음료　 **→食べ物**：음식

□ **できる**：가능하다

もんだい３(발화표현)

れい　정답２

21
2회

M：ご飯を食べます。何と言いますか。

F：1 ごちそうさまでした。
　　2 いただきます。
　　3 じゃ、また。

１ばん　정답２

22
2회

F：ねます。ほかの　人に　何と　言いますか。

M：1 おつかれさま。
　　2 おやすみなさい。
　　3 また　明日。

주요어휘

□ **ほか**：그 밖에

□ **おつかれさま。**：수고하셨습니다.

□ **また明日。**：내일 또 (만나).

２ばん　정답３

23
2회

F：学校へ　出かけます。家族に　何と　言いますか。

M：1 失礼します。
　　2 今、行きます。
　　3 行ってきます。

주요어휘

□ **出かける**：외출하다

□ **失礼します。**：실례합니다.

３ばん　정답１

24
2회

F：電車に　乗ります。東京まで　何分で　行くか　聞きたいです。何と　いいますか。

M：1 どのぐらい　かかりますか。
　　2 いくらですか。
　　3 いま　何時ですか。

４ばん　정답１

25
2회

F：タクシーの　中です。どこへ　行きたいか、言います。何と　言いますか。

M：1 近くの　駅まで、お願いします。
　　2 近くの　駅まで、行きます。
　　3 近くの　駅まで、来て　ください。

５ばん　정답１

26
2회

M：きっさてんに　います。コーヒーを　飲みたいです。何と　いいますか。

F：1 コーヒーを　お願いします。
　　2 コーヒーを　取って　ください。
　　3 コーヒーが　あります。

もんだい４(즉시응답)

れい　정답２

28
2회

F：コンビニは　どこですか。

M：1 買い物です。
　　2 あそこです。
　　3 こちらこそ。

주요어휘

□ **コンビニ**：편의점

１ばん　정답３

29
2회

M：あの　方は　どなたですか。

F：1 とても　親切な　人です。
　　2 いいえ、違います。
　　3 山田先生です。

주요어휘

□ **あの方**：저 분

2ばん　정답**3**

30
2회

F：お父(とう)さんは　<u>おいくつですか。</u>

M：1　ええ、そうです。
　　2　50<u>枚(まい)</u>です。
　　3　50<u>歳(さい)</u>です。

주요어휘

□ (お)いくつですか。：몇 살입니까?

□ ~枚(まい)：~장, 종이나 접시 등 얇은 것을 세는 단위

3ばん　정답**2**

31
2회

M：日本料理(にほんりょうり)は　何(なに)が　<u>好(す)き</u>ですか。

F：1　おいしいです。
　　2　てんぷらが　好(す)きです。
　　3　<u>ときどき</u>　食(た)べます。

주요어휘

□ 好(す)き(な)：좋아함
　↔□ きらい(な)：싫어함

□ ときどき：가끔

4ばん　정답**1**

32
2회

F：窓(まど)を開(あ)けましょうか。

M：1　ええ、お願(ねが)いします。
　　2　ええ、開(あ)けますね。
　　3　いえ、開(あ)けてください。

5ばん　정답**2**

33
2회

F：すみません、オレンジジュースを　お願(ねが)いします。

M：1　<u>けっこうです。</u>
　　2　<u>かしこまりました。</u>
　　3　はい、おいしいです。

주요어휘

□ けっこうです。：됐습니다, 괜찮습니다.

□ かしこまりました。：알았습니다.

6ばん　정답**2**

34
2회

M：会社(かいしゃ)まで　何(なに)で　行(い)きますか。

F：1　とても　遠(とお)いです。
　　2　バスで　行(い)きます。
　　3　9時(じ)に　行(い)きます。

모의고사 제3회 정답 · 해설

정답

언어지식 (문자 · 어휘)

問題 1		問題 3	
1	1	19	2
2	2	20	2
3	4	21	1
4	4	22	3
5	3	23	3
6	3	24	1
7	3	25	3
8	2	26	2
9	4	27	4
10	4	28	4
問題 2		問題 4	
11	4	29	4
12	2	30	1
13	1	31	2
14	3	32	4
15	1	33	4
16	2		
17	4		
18	1		

언어지식 (문법) · 독해

問題 1		問題 3	
1	1	22	3
2	2	23	4
3	4	24	1
4	1	25	2
5	4	26	4
6	3	問題 4	
7	1	27	4
8	2	28	1
9	4	29	4
10	4	問題 5	
11	2	30	3
12	2	31	2
13	1	問題 6	
14	2	32	4
15	2		
16	2		
問題 2			
17	2		
18	4		
19	4		
20	2		
21	2		

청해

問題 1		問題 3	
れい	3	れい	2
1	3	1	1
2	1	2	1
3	3	3	1
4	3	4	3
5	2	5	1
6	4	問題 4	
7	1	れい	2
問題 2		1	2
れい	1	2	2
1	3	3	1
2	3	4	1
3	3	5	3
4	2	6	3
5	4		
6	3		

※해설에서는 「주요어휘」에 N5레벨의 어휘를 싣고,
체크박스(□)를 붙였습니다. 설명을 위해 사용한
일부 어려운 어휘에는 △가 붙어 있습니다.

언어지식 (문자 · 어휘)

N=명사	Vた形_{けい}=동사의 た형
A=い형용사	Vて形_{けい}=동사의 て형
Na=な형용사	Vます形_{けい}=동사의 ます형
	Vじしょ形_{けい}=동사의 사전형

もんだい 1

1 정답 **1**

□ **10年**_{ねん} : 10년

□ ▶ **年**=ネン／とし
　예 2015年_{ねん}／新_{あたら}しい 年_{とし}、お年_{とし}は いくつで すか。

2 정답 **2**

□ **先**_{さき} : 먼저

□ ▶ **先**=セン／さき
　예 先生_{せんせい}、先週_{せんしゅう}／すみません、先_{さき}に 行_いきま す。

3 정답 **4**

□ **茶色**_{ちゃいろ} : 갈색

▶□ **茶**=チャ、サ　　예 お茶_{ちゃ}、喫茶店_{きっさてん}

▶□ **色**=いろ
　예 明_{あか}るい 色_{いろ}、黄色_{きいろ}の ボタン

4 정답 **4**

□ **毎日**_{まいにち} : 매일

▶□ **毎**=マイ　예 毎回_{まいかい}、毎年_{まいとし}、毎週_{まいしゅう}

▶□ **日**→ 제 1 회 **3** 참조

5 정답 **3**

□ **白い**_{しろ} : 하얗다

□ ▶ **白**=しろ、しろーい
　예 白_{しろ}ワイン、白_{しろ}い 車_{くるま}

6 정답 **3**

□ **大切（な）**_{たいせつ} : 중요함, 소중함

□ ▶ **大**=ダイ、タイ／おおーきい
　예 大学_{だいがく}、大変_{たいへん}な 仕事_{しごと}／大_{おお}きい 皿_{さら}

□ ▶ **切**=セツ／きーります
　예 親切_{しんせつ}な 人_{ひと}、切符_{きっぷ}、切手_{きって}／ケーキを 切_きり ます。

7 정답 **3**

□ **喫茶店**_{きっさてん} : 커피숍

□ ▶ **喫**=キツ
　예 喫煙_{きつえん} : 흡연

□ ▶ **茶**→ **3** 참조

□ ▶ **店**=テン／みせ
　예 店員_{てんいん}、店長_{てんちょう}／よく行_いくお店_{みせ}

8 정답 **2**

☐ 鉛筆：연필
えんぴつ

☐ ▶鉛＝エン
えん

☐ ▶筆＝ヒツ　예 筆記試験 （필기시험）
ひつ　　　　　ひっき しけん

9 정답 **4**

☐ 明るい：밝다
あか

☐ ▶明＝あかーるい
あか

예 明るい　部屋 ↔ 暗い
あか　　へ や　　くら

10 정답 **4**

☐ 上着：상의
うわ ぎ

☐ ▶上＝ジョウ／うえ
じょう

예 彼は　英語が　上手です。／机の　上に
かれ　えい ご　じょう ず　　つくえ　うえ
メモが　あります。

☐ ▶着＝きーます
き

예 シャツを　着ます。／着物
き　　　　きもの

もんだい２

11 정답 **4**

☐ タクシー：택시 영 taxi

☐ 의 가타카나에서, 「タクシー」와 다른 곳이 어디인
지 찾아 봅시다.

1 ク タ シー　　2 タ ク ソ ー　　3 ク タ ン ー

12 정답 **2**

☐ 見ます：봅니다
み

☐ ▶ 見＝ケン／みーます
み

예 意見 （의견）／映画を　見ます。
い けん　　　えい が　　 み

13 정답 **1**

☐ 百：백
ひゃく

☐ ▶百＝ヒャク
ひゃく

예 毎日　百万人の　人が　この　駅を
まいにち　ひゃくまんにん　ひと　　　　えき
使っています。
つか

2 白→ **5** 참조

3 日→제1회 **3** 참조

4 自＝ジ

예 自転車、自動車（＝車）
じ てんしゃ　じ どうしゃ　くるま

14 정답 **3**

☐ 行きます：갑니다
い

☐ ▶行＝コウ／いーきます
こう

예 旅行、急行／学校へ　行きます。
りょこう　きゅうこう　がっこう　　 い

15 정답 **1**

☐ 長い：길다
なが

☐ ▶長＝ながーい
なが

예 田中さんは、髪（머리카락）が　長いです。
た なか　　　　かみ　　　　　　なが

16 정답 **2**

☐ 天気：날씨
てん き

예 今日は　天気が　いい（↔ 悪い）。
きょう　てん き　　　　　　わる

☐ ▶天＝テン
てん

☐ ▶ 気＝キ
き

예 電気、空気（공기）、気持ち（기분）
でん き　くう き　　　　　き も

17 정답 **4**

☐ かようび：화요일

☐ ▶火＝カ／ひ
か

예 マッチで　火（불）を　つけます。
ひ

18 정답 **1**

- □ **母** : 어머니
  はは
- □ ▶**母**=はは　　　　**例** **母親**
  はは　　　　　　　　ははおや

もんだい3

19 정답 **2**

□ **ハンカチ** : 손수건 **영** handkerchief

오답해설

1 **プール** : 풀, 수영장 **영** pool
  例 **プール**で **泳ぎます**。
  　　　　　　　　およ

3 **スピーチ** : 스피치 **영** speech

4 **トイレ** : 화장실 **영** toilet
  例 **トイレ**に **入ります**。
  　　　　　　はい

20 정답 **2**

□ **わたります** : 건넙니다
  例 **橋**を **渡ります**。
  　　　はし　　わた

오답해설

1 **いきます** : 갑니다
  例 **会社**へ **行きます**。
  　　　かいしゃ　い

3 **わかります** : 압니다
  例 **彼**は **漢字**が **少し** **わかります**。
  　　　かれ　　かんじ　すこ

4 **ならびます** : 나란히 섭니다
  例 **二人** **並んで** **歩きました**。
  　　　ふたり　なら　　　ある

21 정답 **1**

□ **はります** : 붙입니다
  例 この **紙**を **壁**に **貼って** ください。
  　　　　かみ　　かべ　　は

오답해설

2 **きります** : 자릅니다　**例** **髪**を **切りました**。
  　　　　　　　　　　　　かみ　き

3 **とります** : 집습니다, 잡습니다

例 すみません、その **赤い** かさを **取って**
  　　　　　　　　　　あか　　　　　　と
  ください。

4 **やります** : 합니다
  例 きのうは **遅くまで** **仕事**を **やりました**。
  　　　　　　おそ　　　　しごと

22 정답 **3**

□ **かわいい** : 귀엽다
  例 **かわいい** **猫**ですね。
  　　　　　　　　ねこ

오답해설

1 **からい** : 맵다
  例 タイの **料理**は **辛いです**。
  　　　　　りょうり　から

2 **あたらしい** : 새롭다
  例 **新しい** **住所**を **教えてください**。
  　　　あたら　じゅうしょ　おし

4 **うすい** : 얇다
  例 **秋**に **着る** **薄い** **上着**を **買いました**。
  　　　あき　き　　うす　うわぎ　か

23 정답 **3**

□ **グラム** : 그램(무게 단위) **영** gram

오답해설

1 **だい** : ~대
  例 **車/自転車/テレビ/カメラ/机**が ~**台** あります。
  　　くるま じてんしゃ　　　　　つくえ　　だい

2 **メートル** : 미터 **영** meter
  例 ここから **駅**まで 200**メートル** ぐらいです。
  　　　　　　えき

4 **ページ** : 페이지 **영** page
  例 **テキスト**の 50**ページ**を **開けて** ください。
  　　　　　　　　　　　　あ

24 정답 **1**

□ **こうばん** : 파출소
  例 **交番**で **道**を **聞きました**。
  　　　こうばん　みち　き

오답해설

2 **としょかん** : 도서관
  例 **図書館**で **本**を **借ります**。
  　　　としょかん　ほん　か

3 **だいどころ** : 부엌, 주방
  例 **台所**で **料理**を **作ります**。
  　　　だいどころ　りょうり　つく

4 **おてあらい**：화장실

　㉚ すみません、<u>お手洗い</u>は どこですか。
　　　　　　　　てあら

---

25 정답 **3**

□ **おしえます**：가르칩니다

　㉚ お店の 場所を <u>教えて</u> ください。
　　　みせ　ばしょ　おし

1 **はなします**：이야기합니다

　㉚ <u>母と</u> 電話で <u>話しました</u>。
　　　はは　でんわ　はな

2 **おきます**：일어납니다

　㉚ 毎朝 ７時に <u>起きます</u>。
　　まいあさ　じ　お

4 **とびます**：납니다

　㉚ 鳥が <u>飛んでいます</u>。
　　とり　と

---

26 정답 **2**

□ **かさを さします。**：우산을 씁니다

1 **スカート**：스커트 ㉤ skirt

　㉚ <u>スカート</u>を はきます。

3 **コート**：코트 ㉤ coat

　㉚ <u>コート</u>を 着ます。
　　　　　き

4 **ぼうし**：모자

　㉚ <u>ぼうし</u>を かぶります。

---

27 정답 **4**

□ **ふたつ**：둘, 두개

　㉚ アイスクリームを <u>二つ</u> ください。
　　　　　　　　ふた

1, 2→ 「～ほん」：펜, 포크, 바나나, 캔, 병, 우산, 넥타이 등을 세는 단위

3→ 「～つ」：모자, 주머니, 문, 창문, 단추, 열쇠, 패스워드 등을 세는 단위

---

28 정답 **4**

□ **うしろ**：뒤

　㉚ わたしの 前は 山田さんで、後ろは 田中さんです。
　　　　まえ　やまだ　うし　た　なか

1 **となり**：이웃, 옆

　㉚ <u>となり</u>の 家の 人は とても 親切です。
　　　　　いえ　ひと　　　しんせつ

2 **まえ**：앞

　㉚ 家の <u>前</u>に 公園が あります。
　　いえ　まえ　こうえん

3 **よこ**：옆

　㉚ 本だなの <u>横</u>に ソファーを 置きます。
　　ほん　　よこ　　　　　お

もんだい４

29 정답 **4**

□ **きらいです**：깨끗합니다
＝すきではありません

30 정답 **1**

□ **おととい**：그저께 ⇒二日前
　　　　　　　　　　ふつかまえ

31 정답 **2**

□**おばさん**＝「おとうさん」의 「おねえさん」이나 「いもうと」
「（３つ）うえ」⇒おねえさん
　　みっ

32 정답 **4**

□**まずいです**：맛없습니다
＝おいしくないです

33 정답 **4**

□**ちょっと**：조금, 잠깐　≒少し
　　　　　　　　　　　すこ

언어지식 (문법) · 독해

문법

もんだい1

1 정답 **1**

ここは　田中さん（ の ）　うちです。
た　なか

　1 の　　　2 に　　　3 を　　　4 へ

□ **〜の：〜의**

　㉠ これは　わたしの　本です。（N＋の＋N）
　　　　　　　　　　　ほん

2 教室に　テレビが　あります。（〜에/존재의 장소）
　きょうしつ

3 ごはんを　食べます。（〜을/동작의 대상）
　　　　　た

4 東京へ　行きます。（〜에/방향）
　とうきょう　い

2 정답 **2**

わたしは　まいにち　ひとり（ で ）　ごはん
を　たべます。

　1 と　　　2 で　　　3 を　　　4 が

□ **〜で**

　㉠ 友だちと　二人で　映画を　見ました。
　　　とも　　　ふたり　えい が　　み
　　（인원 수＋で）

2 友だちと　買い物に　行きます。（〜와 함께）
　とも　　　か　もの　　い

3 道を　歩きます。（장소＋を＋*이동동사）
　みち　ある
　　*이동동사：通る, 行く
　　　　　　　とお　い

4 部屋に　机 が　あります。（〜이/존재）
　へ や　つくえ

3 정답 **4**

東京まで　バス（ で ）　行きます。
とうきょう　　　　　　　　い

　1 を　　　2 に　　　3 て　　　4 で

□ **〜で：〜(으)로**

　㉠ 自転車で　学校へ　行きます。（수단）
　　　じ てんしゃ　がっこう　い

1 教室を　出ます。（〜에서）
　きょうしつ　で

2 部屋に　入ります。（〜에/도착점）
　へ や　はい

3 わたしは　歩いて　学校へ　行きます。（「V
　　　　　　ある　　　がっこう　い
　て형＋V」〜해서/상태）

4 정답 **1**

「すみません。トイレ（ は ）　どこに　あり
ますか。」
「あそこです。」

　1 は　　　2 と　　　3 に　　　4 へ

□ **〜は：〜은(는)**

　㉠ 山田さんは　どこに　いますか。（「〜は」＋의
　　　やま だ
　　문사＋V＋「か」）

2 友だちと　買い物に　行きます。（〜와 함께）
　とも　　　か　もの　　い

3 わたしは　きのう　買い物に　行きました。
　　　　　　　　　　か　もの　　い
　（〜하여/목적）

4 東京へ　行きます。（〜에/방향）
　とうきょう　い

5 정답 **4**

いえの　前（ で ）　家ぞくと　写真を　とり
　　　まえ　　　　か　　　　しゃしん
ました。

　1 に　　　2 が　　　3 へ　　　4 で

□ **〜で：〜에서**

　㉠ 公園で　サッカーを　します。（동작의 장소）
　　　こうえん

6 정답 **3**

のどが かわきましたから、水が （ のみた
いです ）。

1 のみます　　　　　2 のみました
3 のみたいです　　　4 のまないです

□ **〜を/が〜たい** : 〜을/가 〜하고 싶다
　㉘ お腹が すきましたから、ご飯が 食べたいで
　す。(「Vます형＋〜たい」희망)

오답해설
1 水が（→を） 飲みます。

7 정답 **1**

「うちから 会社まで （ どのくらい ） か
かりますか。」
「30分 かかります。」
1 どのくらい　　　　2 どう
3 いつ　　　　　　　4 いくら

□ **どのくらい** : 어느 정도, 얼마나
　㉘ 毎晩 どのくらい 勉強していますか。

오답해설
2 ことばが わからないとき、どう します
か。(어떻게)
3 いつ 日本へ 来ましたか。(언제)
4 この リンゴは いくらですか。(얼마)

8 정답 **2**

父は 毎朝 コーヒーを （ のみ ）ながら、
新聞を 読みます。
1 のむ　　　　　　　2 のみ

3 のんで　　　　　　4 のまない

□ **〜ながら** : 〜하면서
　㉘ テレビを 見ながら、ごはんを 食べます。
　(「Vます형＋ながら」 A와 B를 동시에 하다)

9 정답 **4**

「こたえが （ わからない ）ときは、わたし
に聞いて ください。」
「はい。」
1 わかったの　　　　2 わかって
3 わかりません　　　4 わからない

□ **〜とき** : 할 때
　㉘ 困ったときは、連絡して ください。(Vふつ
　う형＋とき)

오답해설
1「Vた형＋のとき」、2「Vて형＋とき」、3「Vませ
ん＋とき」는 접속 형태가 모두 틀림.

10 정답 **4**

これは わたしが きのう （ 買った ）くつ
です。
1 買います　　　　　2 買う
3 買いました　　　　4 買った

□ **명사 수식(……N)**
　㉘ これは 父に もらった 時計です。
　　([V、A 등의 ふつう형] ＋N)
★ Na、N의「〜だ」→「〜な」「〜の」
　㉘ きれい、最初→きれいな花、最初の授業

11 정답 **2**

きのうは 宿題が たくさん ありましたか
ら、どこへも （ 行きませんでした ）。
1 行きました　　　　2 行きませんでした
3 来ました　　　　　4 来ませんでした

□ **〜から** : 〜으로, 〜이므로
　㉘ 仕事が 忙しいですから、サッカーの 練習が
　できません。(이유)

12 정답 2

わたしは　くだものが　好きです。リンゴや
ミカン（など）を　よく　食べます。

1 も　　　2 など　　　3 と　　　4 ぐらい

□ **～など**：～등

　㉎ わたしは　サッカーや　野球などの　スポーツ
　　が　好きです。(주된 예를 들다)

1 今日は　授業が　あります。明日も　授業が
　あります。(～도)

4 わたしは　毎晩　2時間ぐらい　勉強しま
　す。(～정도)

13 정답 1

よく　きこえませんから、ラジオの　おとを
おおきく　（しました）。

1 しました　　　　　2 なりました
3 ありました　　　　4 おきました

□ **A＋くします**：～게 합니다

　㉎ うるさいですから、テレビの　音を　小さくし
　　ました。(의지를 가지고 변화시키다)

14 정답 2

「きのうの　ばんから　ずっと　雨が
（ふっています）ね。」
「ええ。そとへ　出ることが　できません
ね。」

1 ふります　　　　　2 ふっています
3 ふりませんでした　4 ふりましょう

□ **～ている**：～하고 있다

　㉎ 朝から　ずっと　雨が　ふっています。
　　（Vている/상태의 지속）

15 정답 2

「田中さん、（こちら）は　キムさんです。」
「はじめまして。キムです。」
「田中です。どうぞ　よろしく。」

1 これ　　2 こちら　3 この　　4 ここ

□ **こちらは～です**：이쪽은 ～입니다

　㉎ こちらは　リサさんです。(사람을 소개할 때의
　　표현)

16 정답 2

「すみませんが、　ちょっと　てつだって　く
ださいませんか。」
「（ええ、いいですよ）。」

1 ありがとうございます
2 ええ、いいですよ
3 いいえ、けっこうです
4 どうも

'OK입니다'라는 의미를 나타내는 것은 2번.

3 거절할 때의 표현.
4 「ありがとうございました」의 간단한 표현.

もんだい 2

17 정답 2

「田中さんは　まだ ₃教室に ₁₂います₄か。」
「いいえ、もう　帰りました。」

18 정답 4

「このくつは　ちょっと　大きいです。
₃もう少し ₂小さい₄の₁は　ありませんか。」
「では、こちらは　いかがでしょうか。」

19 정답 **4**

「きょう₂の　₁しゅくだい₄は₃もう　おわり
ましたか。」
「いいえ、まだです。」

20 정답 **2**

「スポーツ₃の₁中₂で　₄何が　いちばん　好き
ですか。
「サッカーが　いちばん　好きです。」

21 정답 **2**

「リサさんは　₁ことば₃が　₂わからない　₄と
き、どう　しますか。」
「辞書で　調べます。」

もんだい３

22 정답 **3**

「本」은 내 생일 선물(＝어머니가 나에게 선물했다).

23 정답 **4**

「とてもおもしろい本」→「全部読んだ」→「また
はじめから読んだ」.

24 정답 **1**

寝るまえに、よくその本を読みました。
（Ｖじしょ형＋まえに）：～하기 전에

오답해설

2　おふろに　入ったあとで、ビールを　のみま
す。(Ｖた형＋あとで/～한 후에)

3　手を　あらってから、ご飯を　食べます。(Ｖ
て형＋から/～하고 나서)

4　子どもが　寝ているあいだに、そうじを　しま
した。(Ｖている형＋あいだに/～하고 있는 동안)

25 정답 **2**

妻が（わたしに）ネクタイをくれました。

26 정답 **4**

「妻の誕生日に」「わたしも…」→（わたしから
妻に）→「あげたい」.

독해

もんだい４ (단문)

(1)「휴일」

27 정답 **4**

「休みの日はたいていそうじやせんたくをしま
す」에서 정답은 4번.

오답해설

1→　매일 하는 것.
2, 3→　휴일에 하고 싶은 것.

(2)「가족사진」

28 정답 **1**

1．남자 형제는 형/오빠가 兄, 동생이 弟
　　※여자 형제는 누나/언니가 姉, 동생이 妹
2．장소를 나타내는 말

後ろ(뒤)

(옆)となり　　となり(옆)

前(앞)

53

- □ **あに**：형
- □ **となり**：옆
- □ **おとうと**：남동생

(3)「다나카 씨로부터의 메모」

29 정답 **4**

「あとで読んでください」라고 했으므로, 정답은 4.

오답해설

1→ '회사에 가는'것은 쓰여있지 않음.

2→ 「林さんはこれからずっとかいぎ」
⇒ (하야시 씨에게) 전화 할 수 없음.

3→ '메일을 쓰는'것은 쓰여있지 않음.

주요어휘

- □ **かいぎ**：회의

もんだい５

「절친」

30 정답 **3**

「青木さんとわたしはたんじょう日がおなじ」
이므로, 정답은 3.

오답해설

1→ 「大学のクラス」는 쓰여있지 않음.

2→ 「好きなうた」는 쓰여있지 않음.

4→ 「住んでいるところが近い」라고 말하고 있지만,
아파트가 같다고는 말하고 있지 않음.

31 정답 **2**

「(青木さんは)英語のうたはとても上手です。」
라고 했으므로, 정답은 2.

오답해설

1→ 노래는 잘하지만, 「話すのが上手かどうか」는
알 수 없음.

3→ 「先生になりたい」라고 말하고 있지만, 「教える
のが上手」라고는 말하고 있지 않음.

주요어휘

- □ **たんじょう日**：생일
- □ **カラオケ**：가라오케, 노래방
- □ **両方**：양방, 쌍방
- □ **さびしい**：쓸쓸하다

もんだい６

「어떤 영화를 보시겠습니까」

32 정답 **4**

「お昼まで授業」→오후 영화
「午後４時から午後９時までアルバイト」→오
후 4시까지 끝나는 영화

주요어휘

- □ **アルバイト**：아르바이트
- □ **えいがかん**：영화관

청해

もんだい 1 (과제이해)

れい　정답 3

03
3회

家で、女の　人が　男の　人と　話しています。
女の　人は、男の　人に　何を　出しますか。

F：今日は　寒いですね。温かい　ものを　飲みませんか。

M：ありがとうございます。

F：コーヒー、こうちゃ、あと、お茶も　ありますけど。

M：じゃ、こうちゃを　お願いします。

F：さとうや　ミルクは　入れますか。

M：あ、はい。

女の　人は、男の　人に　何を　出しますか。

주요어휘

□ 寒い：춥다

□ 温かい：따뜻하다　예 温かいベッド

　↔ □ 冷たい：차갑다

□ ミルク：우유

1ばん　정답 3

04
3회

男の　人と　女の　人が　話しています。
男の　人は、女の　人と　どこで　会いますか。

M：明日、この　パーティーに　一緒に　行きませんか。

F：ああ、いいですね。行きましょう。

M：じゃあ、明日、どこで　会いましょうか。さくらデパートは　わかりますか。

F：いえ…。

M：そうですか。じゃあ、みどりやま駅の　中の　本屋は　どうですか。

F：ああ、わかります。

M：じゃあ、そこで。

男の　人は、女の　人と　どこで　会いますか。

2ばん　정답 1

05
3회

男の　人と　女の　人が　話しています。男の　人は、女の　人と　何時に　会いますか。

M：にちよう日の　コンサートは　何時からですか。

F：午後2時からです。何時に　会いましょうか。

M：お昼を　一緒に　食べてから　行きませんか。

F：そうですね。じゃあ、12時半に　駅の　前で　どうですか。

M：そうですね…。ゆっくり　食べたいですから、あと　30分　早く　しませんか。

F：いいですよ。じゃあ、そう　しましょう。

男の　人は、女の　人と　何時に　会いますか。

주요어휘

□ (お)昼：점심 식사

3ばん　정답 3

06
3회

教室で、男の　学生と　女の　学生が　話しています。男の　学生は　女の　学生に　何を　買いますか。

M：さくらさん、今日は　お弁当？

F：うん。今日は　久しぶりに　作ってきた。

M：そう。じゃ、ぼくは　コンビニで　パンを　買って来るよ。飲み物は　大丈夫？

F：ああ、じゃ、お茶を　お願い。

M：わかった。お菓子は　いらない？

F：うん、お菓子は　いい。ありがとう。

男の　学生は　女の　学生に　何を　買いますか。

주요어휘

□ コンビニ：편의점

□ お願い：부탁합니다, (여기서는) 사다 주세요

□ いる：필요하다

□ 〜はいい：〜는 필요 없다

4ばん　정답 3

先生と　男の　学生が　話しています。男の　学生は　何を　持ちますか。

M：先生、荷物、多いですね。持ちましょうか。
F：ああ、ありがとう。じゃあ、この　かばんを。
M：全部　持ちますよ。
F：小さいのは　大丈夫です。軽いですから。
M：そうですか。じゃあ、その　紙袋を　持ちましょうか。
F：そうですか。じゃあ。

男の　学生は　何を　持ちますか。

주요어휘
□ 荷物：짐
□ 紙袋：종이 봉투

5ばん　정답 2

教室で、先生が　話しています。学生は、明日、何を　持っていきますか。

F：明日は　有名な　古い　建物を　見て、午後、ふじ公園へ　行きます。建物を　見たあと、近くの　レストランで　お昼を　食べますから、お弁当は　いりません。でも、飲み物は　用意して　ください。明日も　とても　暑いですから。それから、明日　行く　建物の　中では、写真を　とることが　できません。けいたい電話も　だめです。注意して　ください。

学生は、明日、何を　持っていきますか。

주요어휘
□ 建物：건물
□ お昼：점심 식사
□ けいたい電話：휴대전화
□ 注意（する）：주의

6ばん　정답 4

店で、女の　人と　男の　人が　話しています。女の　人は　何を　買いますか。

F：山田さんへの　おみやげ、何に　しますか。
M：あの　チョコレートは　どうですか。けっこう　有名ですよ。
F：でも　彼女、甘い　物は　あまり　食べないと　言っていました。お茶は　どうですか。ほら、これです。
M：ああ、いいですね。
F：それか、絵はがき。…あ、手帳も　きれいですね。わたしが　ほしいです。
M：きれいですね。でも、使うかどうか、わからないから、さっきのに　しませんか。
F：そうですね。

女の　人は　何を　買いますか。

주요어휘
□ それか：또는
□ 絵はがき：그림 엽서
□ さっきの：좀 전에 말한 것

7ばん　정답 1

電話で、女の　人と　男の　人が　話しています。女の　人は　何で　図書館へ　行きますか。

F：もしもし、今　みなとまち駅に　着きました。今から　図書館へ　行きます。
M：そうですか。雨が　降っていますから、バスが　いいですよ。私も、いつもは　自転車ですが、今日は　歩いて　行きます。たぶん、2時くらいに　着きます。
F：わかりました。そう　します。

女の　人は　何で　図書館へ　行きますか。

もんだい２(포인트 이해)

れい　정답 **1**

女の　学生と　男の　学生が　話しています。
二人は　いつ　プレゼントを　買いに　行きますか。

F：来週、さくらさんの　たんじょう日プレゼントを　買いに　行きませんか。
M：そうですね。5日が　たんじょう日ですから、3日か　4日に　行きましょう。
F：あ、ちょっと　待って　ください。わたしは　3日と　4日は　アルバイトが　あります。2日は　だめですか。
M：いいですよ。じゃあ、授業が　終わった　あとに　行きましょう。

二人は　いつ　プレゼントを　買いに　行きますか。

주요어휘
□ アルバイト：아르바이트

1ばん　정답 **3**

男の　人と　女の　人が　話しています。
男の　人は、みなと町駅まで　何分で　行きますか。

M：ここから　みなと町駅まで、何分　かかりますか。
F：そうですね。ふじ駅まで　歩いて　20分です。それから、電車で　10分です。
M：そうですか、結構　かかりますね。ふじ駅に　行く　バスは　ありませんか。
F：ありますよ。ここから　5分　くらいで　着きます。そうしたら、15分ですね。
M：じゃあ、バスで　行きます。

男の　人は、みなと町駅まで　何分で　行きますか。

2ばん　정답 **3**

女の　学生と　男の　学生が　話しています。男の　学生は、何を　買いましたか。

F：山田さん、先生への　プレゼント、買いましたか。
M：田中さんと　買いに　行ってきましたよ。
F：何に　しましたか。
M：はじめは、ネクタイか　帽子が　いいと　思いましたけど、ペンに　しました。毎日　使う　ものが　いいと　思って。
F：いいと　思いますよ。じゃあ、花は　私が　あとで　買っておきますね。
M：ええ。

男の　学生は、何を　買いましたか。

주요어휘
□ ～ておく：～해 두다

3ばん　정답 **3**

大学で、先生と　女の　学生が　話しています。女の　学生は、何曜日に　働いていますか。

M：さくらさんは、アルバイトを　していますか。
F：はい。コンビニで　アルバイトを　しています。
M：いつ　仕事を　していますか。
F：月曜日と　水曜日の　夜です。
M：週に　2回ですか。
F：はい。前は　土曜日や　日曜日も　やっていましたが、忙しくなりましたから、二日に　しました。

女の　学生は　何曜日に　働いていますか。

주요어휘
□ アルバイト：아르바이트
□ コンビニ：편의점

4ばん　정답 **2**

16
3회

女の　人と　男の　人が　話しています。男の
人は、今度の　日曜日、誰と　出かけますか。

F：今度の　日曜日は、何を　しますか。

M：あさくさに　行きます。

F：いいですね。誰と　行きますか。

M：妹と　二人です。

F：へえ。妹さんとですか。いいですね。私も
　　弟が　いますが、二人で　出かけたりしませ
　　ん。

M：最初は　母も　行くと　言っていましたけど、
　　用事が　できて、二人で　行きます。

F：そうですか。わたしは　その日は　姉と　買
　　い物です。

男の　人は、今度の　日曜日、誰と　出かけます
か。

□ **用事**：일, 용무

5ばん　정답 **4**

17
3회

病院で、病院の　人と　男の　人が　話しています。
男の　人は、次、いつ　来ますか。

F：じゃ、今日は　これで　終わりです。来週
　　もう一度　来て　ください。いつが　いいで
　　すか。

M：ええと、火曜日の　午前は　どうですか。

F：ごめんなさい、火曜日の　午前は　空いてい
　　ないですね。

M：そうですか…。木曜日の　午後は　どうです
　　か。

F：大丈夫ですよ。じゃ、来週の　木曜日ですね。
　　お大事に。

M：どうも。

男の　人は、次、いつ　来ますか。

□ **終わり**：끝, 마지막

□ **もう一度**：한번 더

□ **空く**：(자리나 예약 등) 비다

□ **大丈夫**：괜찮음

□ **お大事に**：몸조리 잘 하세요

6ばん　정답 **3**

18
3회

会社で、男の　人が　話しています。男の　人は、
最近、何の　スポーツを　よく　していますか。

M：はじめまして。田中です。私の　しゅみは、
　　スポーツを　する　ことです。学生の　ころ
　　は、サッカーと　野球を　よく　しました。
　　最近は、週に　3～4回　プールに　行って、
　　泳いでいます。先週は、新しい　くつを　買
　　いました。それを　はいて、来週から　ジョ
　　ギングを　始めます。

男の　人は　最近　よく　何の　スポーツを　し
ていますか。

□ **しゅみ**：취미

□ **～のころ**：～인 때, 시절

□ **ジョギング（する）**：조깅

もんだい3（발화표현）

れい　정답 **2**

21
3회

M：ご飯を食べます。何と言いますか。

F：1　ごちそうさまでした。

　　2　いただきます。

　　3　じゃ、また。

1ばん　정답 **1**

22
3회

F：友だちに　ペンを　貸します。何と　言いま
　　すか。

M：1　これ、使って　ください。

　　2　これ、借りましょう。

　　3　これ、持っています。

2ばん 정답 1

23
3회

M：家に　帰りました。家族に　何と　言いますか。

F：1　<u>ただいま。</u>
　　2　<u>お帰りなさい。</u>
　　3　<u>行ってきます。</u>

□ **ただいま**：다녀왔습니다
□ **お帰りなさい**：어서 오세요
□ **行ってきます**：다녀 오겠습니다

3ばん 정답 1

24
3회

M：テーブルの上のチョコレートを1つもらいます。何と言いますか。

F：1　1つ、いいですか。
　　2　1つ、お願いします。
　　3　1つ、<u>どうぞ。</u>

주요어휘

□**どうぞ**：부디 (권하는 말)

4ばん 정답 3

25
3회

M：店にお客さんが来ました。何と言いますか。

F：1　お願いします。
　　2　<u>お元気で。</u>
　　3　<u>いらっしゃいませ。</u>

주요어휘

□ **お元気で**：안녕히 계세요
□ **いらっしゃいませ**：어서 오세요

5ばん 정답 1

26
3회

F：コーヒーを　飲むか　聞きます。何と　言いますか。

M：1　<u>コーヒーは　いかがですか。</u>
　　2　コーヒーを　お願いします。
　　3　コーヒーが　飲みたいです。

주요어휘

□ **〜はいかがですか。** ：〜는 어떻습니까

もんだい 4 (즉시응답)

れい 정답 2

28
3회

F：<u>コンビニは　どこですか。</u>

M：1　買い物です。
　　2　あそこです。
　　3　こちらこそ。

주요어휘

□ **コンビニ**：편의점

1ばん 정답 2

29
3회

M：今日、いっしょに　勉強しませんか。

F：1　はい、いっしょに　行きます。
　　2　そう　しましょう。
　　3　毎日　勉強しています。

2ばん 정답 2

30
3회

F：田中さんは　どの　人ですか。

M：1　はい、そうです。
　　2　めがねを　かけている　人です。
　　3　会社員です。

3ばん 정답 1

31
3회

M：明日、カラオケに　行きませんか。

F：1　明日は　ちょっと…。
　　2　明日が　いいですね。
　　3　ええ、行きません。

주요어휘

□ **カラオケ**：가라오케, 노래방

제1회
제2회
제3회
문자·어휘
문법
독해
청해

4ばん　정답**1**

M：先週の　日曜日、どこかへ　行きましたか。
　　せんしゅう　にちよう び　　　　　　　　い

F：1　どこも　行きませんでした。
　　　　　　　い
　　2　駅は　あそこですよ。
　　　えき
　　3　ええ、行きましょう。
　　　　　　い

5ばん　정답**3**

F：京都へ　行った　ことがありますか。
　　きょう と　い

M：1　いいえ、行かないで　ください。
　　　　　　　　い
　　2　はい、ぜひ　行きたいです。
　　　　　　　　　い
　　3　はい、去年　行きました。
　　　　　　きょねん　い

6ばん　정답**3**

M：こんにちは。おじゃまします。

F：1　こちらこそ。
　　2　失礼します。
　　　しつれい
　　3　どうぞ。

주요어휘

□ **おじゃまします**：실례하겠습니다, 찾아뵙겠습니다

□ **失礼します**：실례합니다
　しつれい

모의시험 채점표

배점은 이 모의시험에서 설정한 것입니다. 실제 시험에는 공표되어있지 않지만, 각 과목의 합계득점이 표시되어 있어 그것을 바탕으로 하였습니다. 「기준점 * 목표」와 「합격점 목표」도 각각 실제 점수를 참고로 설정하였습니다.

기준점… 언어지식(문자·어휘·문법) + 독해 = 38점(득점범위 0~120점), 청해 = 19점
합격점… 80점(득점범위 0~180점)

★ 합격 가능성을 높이기 위해, 80점 이상을 목표로 합시다.
★ 기준점에 도달하지 못한 과목이 있으면, 중점적으로 복습합시다.

📋 언어지식 (문자·어휘·문법) / 독해

문항	배점	만점	제 1 회		제 2 회		제 3회	
			정답 수	득점	정답 수	득점	정답 수	득점
언어지식 (문자·어휘)								
問題 1 もんだい	1 点× 10 問 てん　　もん	10						
問題 2 もんだい	1 点× 8 問 てん　　もん	8						
問題 3 もんだい	1 点× 10 問 てん　　もん	10						
問題 4 もんだい	1 点× 5 問 てん　　もん	5						
언어지식 (문법)								
問題 1 もんだい	1 点× 16 問 てん　　もん	16						
問題 2 もんだい	1 点× 5 問 てん　　もん	5						
問題 3 もんだい	1 点× 5 問 てん　　もん	5						

※기준점 : 득점이 이 점수에 도달하지 못할 경우, 총 득점에 관계 없이 불합격 된다.

독해								
問題4 もんだい	4点×3問 てん もん	12						
問題5 もんだい	4点×2問 てん もん	8						
問題6 もんだい	4点×1問 てん もん	4						
합계		83						
(기준점 목표)			(27)		(27)		(27)	

📋 청해

문항	배점	만점	제1회		제2회		제3회	
			정답 수	득점	정답 수	득점	정답 수	득점
問題1 もんだい	3点×7問 てん もん	21						
問題2 もんだい	3点×6問 てん もん	18						
問題3 もんだい	2点×5問 てん もん	10						
問題4 もんだい	1点×6問 てん もん	6						
합계		55						
(기준점 목표)			(18)		(18)		(18)	

	제1회	제2회	제3회
종합 득점	╱138	╱138	╱138
(합격점 목표)	(62)	(62)	(62)

시험에 나오는
중요 어구·문형 리스트

☑ 「문자·어휘」의 포인트

　STEP1　「N5」레벨의 한자

　STEP2　주의해야 할 「N5」레벨의 어휘

☑ 「문법」 포인트 60

「문자・어휘」의 포인트

STEP 1 N5레벨의 한자

한자의 모양에 주의해서 기억합시다.

※한자 읽기는 N5 레벨이거나, N5 에 가까운 레벨입니다. 어려운 읽기는 넣지 않았습니다.

숫자

☐ **一**	하나	イチ ひと、ひと‐つ	㉿ 一月、一部屋、一人 いちがつ　ひと へや　ひとり
☐ **二**	둘	ニ ふた、ふた‐つ	㉿ 二月、二部屋、二人 に がつ　ふた へや　ふたり
☐ **三**	셋	サン みっ‐つ、みっ	㉿ 三月 さんがつ
☐ **四**	넷	シ よつ、よっ‐つ、よん	㉿ 四月 し がつ
☐ **五**	다섯	ゴ いつ、いつ‐つ	㉿ 五月 ご がつ
☐ **六**	여섯	ロク むつ、むっ‐つ、むい	㉿ 六月 ろくがつ
☐ **七**	일곱	シチ なな、なな‐つ、なの	㉿ 七月 しちがつ
☐ **八**	여덟	ハチ やつ、やっ‐つ、よう	㉿ 八月 はちがつ
☐ **九**	아홉	ク、キュウ ここのつ、ここの	㉿ 九月 く がつ
☐ **十**	열	ジュウ とお	㉿ 十月 じゅうがつ
☐ **百**	백	ヒャク	㉿ 百円 (￥100) ひゃくえん
☐ **千**	천	セン	㉿ 千円 (￥1,000) せんえん
☐ **万**	만	マン	㉿ 一万円 (￥10,000) いちまんえん

시간

☐ 年	연, 년	ネン とし	㉚ 来年、一年間 らいねん いちねんかん
☐ 月	월	ゲツ、ガツ つき	㉚ 今月、先月、1か月、正月 こんげつ せんげつ げつ しょうがつ
☐ 日	일	ニチ、ジツ ひ、か	㉚ 毎日、昨日、平日、休日、朝日 まいにち きのう へいじつ きゅうじつ あさひ
☐ 週	주	シュウ	㉚ 今週、来週、先週 こんしゅう らいしゅう せんしゅう
☐ 時	시	ジ とき	㉚ 8時に食べる じ た
☐ 間	사이	カン、ケン あいだ	㉚ 時間、夏休みの間 じかん なつやす あいだ
☐ 分	분, 나누다	フン、プン、ブン わ‐かる	㉚ 1分、2分、何分、英語が分かる いっぷん にふん なんぷん えいご わ
☐ 半	반	ハン	㉚ 1時半、半分 じはん はんぶん
☐ 今	지금, 현재	コン いま	㉚ 今夜、今回のテスト、今のアパート こんや こんかい いま
☐ 毎	매번	マイ	㉚ 毎日、毎週、毎月、毎年、毎回、毎 まいにち まいしゅう まいつき まいとし まいかい まい 朝 あさ
☐ 午	정오	ゴ	㉚ 午前、午後、正午 ごぜん ごご しょうご

요일

☐ 月	월	ゲツ	㉚ 月曜日 げつようび
☐ 火	화	カ	㉚ 火曜日 かようび
☐ 水	수	スイ	㉚ 水曜日 すいようび
☐ 木	목	モク	㉚ 木曜日 もくようび
☐ 金	금	キン	㉚ 金曜日 きんようび
☐ 土	토	ド	㉚ 土曜日 どようび

시험에 나오는 중요 어구・문형 리스트

| ☐ 日 | 일 | ニチ | ㊁ 日曜日
にちようび |

사람

☐ 人	사람	ジン、ニン ひと	㊁ 日本人、人数(＝人の数)、人が多い、 にほんじん　にんずう　　ひと　かず　ひと　おお 人に聞く ひと　き
☐ 男	남자	おとこ	㊁ 男の人 おとこ　ひと
☐ 女	여자	おんな	㊁ 女の人 おんな　ひと
☐ 子	아이	こ	㊁ 子供、女の子 こども　おんな　こ

학교

☐ 学	배우다	ガク まな-ぶ	㊁ 大学 だいがく
☐ 校	학교	コウ ー	㊁ 小学校、中学校、高校 しょうがっこう　ちゅうがっこう　こうこう
☐ 先	먼저	セン さき	㊁ 先に帰る、１キロ先(＝あと１キロ)、 さき　かえ　　　　　　　　さき １か月先(＝あと１か月) げっさき　　　　げつ
☐ 生	살다	セイ い-きる、う-まれる、 う-む	㊁ 学生、先生、子どもが生まれる、 がくせい　せんせい　　　　　う (〜が)子どもを生む こ　　　　う

가족

| ☐ 父 | 아버지 | ちち、おとうさん | ㊁ 父、お父さん
ちち　　とう |
| ☐ 母 | 어머니 | はは、おかあさん | ㊁ 母、お母さん
はは　　かあ |

장소, 방향

| ☐ 上 | 위 | うえ、うわ、あ-がる、
のぼ-る | ㊁ 机の上、上着、ねだんが上がる、手
つくえ　うえ　うわぎ　　　　　あ　　て
を上げる、かいだんを上る
あ　　　　　　　　のぼ |

□	中	가운데	チュウ なか	예 中学校、電話中、今月中、部屋の中 ちゅうがっこう でんわちゅう こんげつちゅう へや なか
□	下	아래	ゲ した、さ‐がる	예 下宿、机の下、ねだんが下がる げしゅく つくえ した さ
□	外	밖	ガイ そと	예 外国、外国人、部屋の外 がいこく がいこくじん へや そと
□	前	전, 앞	ゼン まえ	예 前回、前の授業、2時5分前、1時 ぜんかい まえ じゅぎょう じ ふんまえ じ 間前、授業の前、寝る前、店の前 かんまえ じゅぎょう まえ ね まえ みせ まえ
□	後	후, 뒤	ゴ あと、うし‐ろ	예 1時間後、授業の後、食べた後、車 じかんご じゅぎょう あと た あと くるま の後ろ うし
□	左	왼쪽	ひだり	예 左手、左にまがる ひだりて ひだり
□	右	오른쪽	みぎ	예 右手、右にまがる みぎて みぎ
□	東	동	トウ ひがし	예 駅の東側、東京 えき ひがしがわ とうきょう
□	西	서	にし	예 駅の西側 えき にしがわ
□	南	남	みなみ	예 駅の南口 えき みなみぐち
□	北	북	きた	예 駅の北口 えき きたぐち

날씨

□	天	하늘	テン	
□	気	공기	キ	예 天気、気持ち てんき きも
□	雨	비	あめ	예 雨が降る あめ ふ
□	空	하늘	クウ そら、あ‐く	예 空気、青い空、いすが空く くうき あお そら あ

색

□	白	하양	しろ、しろ‐い	예 白いシャツ しろ

형용

☐ 大	크다	ダイ おお - きい	예 大学、大きいスプーン <small>だいがく　おお</small>
☐ 小	작다	ショウ ちい - さい	예 小学校、小さいスプーン <small>しょうがっこう　ちい</small>
☐ 高	높다	コウ たか - い	예 高校、高い山、高い服 <small>こうこう　たか　やま　たか　ふく</small>
☐ 長	길다	チョウ なが - い	예 長時間、長いスカート <small>ちょうじかん　なが</small>
☐ 多	많다	おお - い	예 この本は写真が多いです。 <small>ほん　しゃしん　おお</small>
☐ 少	적다	すく - ない	예 この本は漢字が少ないです。 <small>ほん　かんじ　すく</small>
☐ 新	새롭다	シン あたら - しい	예 新年、新しいくつ <small>しんねん　あたら</small>
☐ 古	낡았다	ふる - い	예 古い映画 <small>ふる　えいが</small>
☐ 安	싸다	やす - い	예 安い部屋 <small>やす　へや</small>

동작

☐ 行	가다	コウ い - く	예 旅行、東京へ行く。 <small>りょこう　とうきょう　い</small>
☐ 来	오다	ライ く - る（き - ます）	예 来週／バスが来ました。 <small>らいしゅう　き</small>
☐ 食	먹다	ショク た - べる	예 朝食、昼食、夕食、ごはんを食べ <small>ちょうしょく　ちゅうしょく　ゆうしょく　た</small> ます。
☐ 飲	마시다	の - む	예 コーヒーを飲みます、飲み物 <small>の　の　もの</small>
☐ 話	말하다	ワ はな - す、はなし	예 電話、日本語を話す、静かに話す、 <small>でんわ　にほんご　はな　しず　はな</small> おもしろい話 <small>はなし</small>
☐ 立	서다	た - つ	예 ここに立ってください。 <small>た</small>
☐ 見	보다	み - る	예 テレビを見ます <small>み</small>

	한자	뜻	읽기	예문
☐	入	들어가다, 넣다	はい-る、い-れる	㉞ 部屋に入ります、コーヒーに砂糖を入れます
☐	出	나오다, 내다	で-る、だ-す	㉞ 部屋を出ます、パーティーに出ます、はがきを出します、荷物を出します、レポートを出します、お茶を出します
☐	言	말하다	い-う、こと	㉞ 名前を言います、言葉
☐	聞	듣다	ブン き-く	㉞ 新聞、話を聞きます、道を聞きます
☐	読	읽다	よ-む	㉞ 本を読みます
☐	書	쓰다	か-く	㉞ 名前を書いてください。
☐	休	쉬다	やす-む、やす-み	㉞ 1時間休みます。／明日、会社を休みます。／休みの日はいつも何をしますか。／昼休み、夏休み
☐	買	사다	か-う	㉞ パンを買います、買い物

몸

	한자	뜻	읽기	예문
☐	口	입	くち	㉞ 医者「口を大きく開けてください。」／駅の東口
☐	耳	귀	みみ	㉞ 風が冷たくて、耳が痛いです。
☐	手	손	て	㉞ 右手、左手
☐	足	발	あし	㉞ くつが小さくて、足が痛いです。
☐	目	눈	め	㉞ 目が少し疲れています。

시험에 나오는 중요 어구 · 문형 리스트

기타

☐ 電	전기	デン	예 電気、電話 でん き　でん わ
☐ 車	자동차	シャ くるま	예 電車、車に乗ります でんしゃ　くるま　の
☐ 名	이름	メイ な	예 有名な建物、名前 ゆうめい　たてもの　なまえ
☐ 友	친구	とも	예 友だち とも
☐ 川	강	かわ	예 川を渡ります かわ　わた
☐ 山	산	サン やま	예 富士山、きれいな山 ふ じ さん　　　　やま
☐ 何	무엇	なに、なん	예 何を食べますか。／それは何と言 なに　た　　　　　　　　　なん　い いますか。
☐ 本	책	ホン	예 本を読みます ほん　よ
☐ 国	나라	くに	예 国に帰ります くに　かえ
☐ 語	언어	ゴ	예 日本語、英語 に ほん ご　えい ご
☐ 道	길	みち	예 広い道↔細い道 ひろ　みち　ほそ　みち ※「太い道」とは言わない。 ふと　みち　　　い
☐ 駅	역	えき	예 駅で会います えき　あ
☐ 花	꽃	カ はな	예 花びん、花が咲きます か　　　　はな　さ
☐ 魚	물고기	さかな	예 魚が泳いでいます。 さかな　およ
☐ 会	만나다	カイ あ-う	예 友だちに会います、たんじょう日会 とも　　　あ　　　　　　　　　　び かい
☐ 社	회사, 사회	シャ	예 会社、社長 かいしゃ　しゃちょう
☐ 店	가게	テン みせ	예 喫茶店、店長、有名な店 きっさ てん　てんちょう　ゆうめい　みせ

※ 위에 나온 한자는 『日本語能力試験出題基準』(国際交流基金・日本国際教育支援協会　凡人社刊) 을 참고했습니다.

用例 (ようれい)

あ〜お

□ 開く (あ/ひら)	열리다	ドアが開きます。／10時に店が開きます。(あ/ひら　じ　みせ　あ/ひら)
□ 開ける (あ)	열다	窓を開けてください。(まど　あ)
□ 遊ぶ (あそ)	놀다	子どもが公園で遊んでいます。(こ　こうえん　あそ)
□ 暑い (あつ)	덥다	暑い夜 (あつ　よる)
□ 厚い (あつ)	두껍다	厚いコート／カーテン (あつ)
□ アパート	연립주택	アパートを借りる (か)
□ 浴びる (あ)	끼얹다	シャワーを浴びる (あ)
□ 危ない (あぶ)	위험하다	危ない場所 (あぶ　ばしょ)
□ 甘い (あま)	달다	甘いおかし (あま)
□ あまり〜ない	그다지 〜않다	あまり大きくありません (おお)
□ 洗う (あら)	씻다	お皿を洗いました。(さら　あら)
□ いかが	어떻게	コーヒーはいかがですか。
□ 痛い (いた)	아프다	足が痛いです。(あし　いた)
□ 意味 (いみ)	의미	この言葉の意味を教えてください。(ことば　いみ　おし)
□ いや (な)	싫음	この店はいやです。(みせ)
□ 入口 (いりぐち)	입구	店の入口 (みせ　いりぐち)
□ 要る (い)	필요하다	入るとき、お金は要りますか。(はい　かね　い)
□ 入れる (い)	넣다	カバンに本を入れました。(ほん　い)
□ いろいろ	여러 가지	いろいろな本があります。(ほん)
□ 薄い (うす)	얇다, 흐리다	薄い本 (うす　ほん)
□ 売る (う)	팔다	ここは、お酒も売っています。(さけ　う)

☐ うるさい	시끄럽다	テレビの音がうるさいです。
☐ お〜	정중하게 말할 때 붙이는 말	お店、お茶
☐ 大勢	여럿, 많은 사람	大勢の人
☐ 置く	두다	机の上に置きました。
☐ 奥さん	남의 아내를 높여서 부르는 말	田中さんの奥さん
☐ (お)皿	접시	
☐ 押す	누르다	ボタンを押してください。
☐ お手洗い	화장실	お手洗いはどこですか。
☐ おととし	재작년	おととし日本へ来ました。
☐ おなかがすく	배가 고프다	おなかがすきました。
☐ 同じ	같음	同じ色
☐ (お)弁当	도시락	お弁当を持ってきました。
☐ 覚える	외우다	場所を覚えてください。
☐ 重い	무겁다	重い荷物
☐ おもしろい	재미있다	おもしろい本
☐ (お)湯	뜨거운 물	お湯を入れる
☐ 泳ぐ	헤엄치다	海で泳ぎました。
☐ 降りる	내리다	次の駅で電車を降ります。

か〜こ

☐ 階段	계단	階段を上る
☐ かかる	(날짜, 시간 등이) 소요되다, 들다	東京まで3時間かかります。
☐ かける①	걸다, 잠그다	かぎをかけます。
☐ かける②	(안경을) 쓰다	めがねをかけます。
☐ 貸す	빌려주다	友だちにCDを貸しました。

□ 風邪 _{かぜ}	감기	風邪を引きました。 _{かぜ} _ひ
□ 角 _{かど}	길모퉁이	角の店、角を曲がる _{かど} _{みせ} _{かど} _ま
□ 辛い _{から}	맵다	辛い料理 _{から} _{りょうり}
□ 軽い _{かる}	가볍다	軽い荷物 _{かる} _{にもつ}
□ 木 _き	나무	
□ 消える _き	꺼지다	電気が消えました。 _{でんき} _き
□ 汚い _{きたな}	더럽다	汚い手、汚いコップ _{きたな} _て _{きたな}
□ 兄弟 _{きょうだい}	형제	
□ 嫌い(な) _{きら}	싫어함	嫌いな食べ物 _{きら} _た _{もの}
□ 切る _き	자르다	野菜を切ってください。 _{やさい} _き
□ くもり	흐림	今日は一日曇りです。 _{きょう} _{いちにちくも}
□ 警官 _{けいかん}	경찰관	＝おまわりさん
□ 今朝 _{けさ}	오늘 아침	今朝、雨が降りました。 _{けさ} _{あめ} _ふ
□ 消す _け	끄다	テレビを消しました。 _け
□ 結構 _{けっこう}	꽤	結構おいしかったです。／もう結構です。 _{けっこう} _{けっこう}
□ 結婚(する) _{けっこん}	결혼	来年結婚します。 _{らいねんけっこん}
□ 交差点 _{こうさてん}	교차로	交差点を曲がる _{こうさてん} _ま
□ 困る _{こま}	곤란하다	パソコンがこわれて、困っています。 _{こま}
□ こんな	이러한, 이런	
□ コンビニ	편의점	

さ～そ

□ 咲く _さ	(꽃이) 피다	花が咲きました。 _{はな} _さ
□ 作文 _{さくぶん}	작문	宿題の作文 _{しゅくだい} _{さくぶん}
□ 寒い _{さむ}	춥다	今日は寒いです。 _{きょう} _{さむ}

□ 自分 じぶん	자기, 스스로	自分でやる じぶん
□ 閉まる し	닫히다	店は9時に閉まります。 みせ じ し
□ 閉める し	닫다	窓を閉めてください。 まど し
□ ～週間 しゅうかん	～주간	
□ 上手(な) じょうず	능숙함	彼は歌が上手です。 かれ うた じょうず
□ じょうぶ(な)	튼튼함	じょうぶな体 からだ
□ 知る し	알다	彼女を知っています。 かのじょ し
□ 吸う す	(공기 따위를) 들이 마시다, (담배를) 피우다	たばこは吸いません。 す
□ スーツ	정장	
□ スカート	스커트	スカートをはく
□ ～過ぎ す	～지남, 지나침	8時10分過ぎ、8時過ぎ じ ぶん す じ す
□ すぐ(に)	곧, 금방	すぐ行きます。 い
□ 涼しい すず	시원하다	涼しい風 すず かぜ
□ ～ずつ	～씩	2個ずつ食べました。 こ た
□ 座る すわ	앉다	いすに座りませんか。 すわ
□ セーター	스웨터	
□ 石けん せっ	비누	石けんで手を洗う せっ て あら
□ 狭い せま	좁다	狭い部屋 せま へや
□ 洗濯(する) せんたく	세탁	服を洗濯する ふく せんたく
□ 全部 ぜんぶ	전부	全部あげます。 ぜんぶ
□ そう	그렇게	先生がそう言いました。 せんせい い
□ 掃除(する) そうじ	청소	部屋を掃除します へや そうじ
□ そして/そうして	그리고	
□ そば	옆	駅のそば えき

74

| □ それから | 그리고 나서 | 学校に行って、それから、アルバイトに行きます。 |

た～と

□ 大丈夫 _{だいじょうぶ}	튼튼함	足_{あし}はもう大丈夫_{だいじょうぶ}ですか。
□ 大好き_{だいす} (な)	아주 좋아하는 모양	大好_{だいす}きな歌_{うた}
□ 大変_{たいへん} (な)	힘듦, 대단함	大変_{たいへん}な仕事_{しごと}
□ ～だけ	～만, 뿐	
□ 縦_{たて}	세로	
□ 建物_{たてもの}	건물	古_{ふる}い建物_{たてもの}
□ 頼む_{たの}	부탁하다	彼_{かれ}に仕事_{しごと}を頼_{たの}みました。
□ たぶん	아마	彼_{かれ}はたぶん来_こないと思_{おも}います。
□ 誰か_{だれ}	누군가	誰_{だれ}か彼女_{かのじょ}の電話番号_{でんわばんごう}を知_しっていますか。
□ だんだん	점점	だんだん寒_{さむ}くなってきました。
□ 違う_{ちが}	다르다	答_{こた}えが違_{ちが}います。
□ 茶色_{ちゃいろ} (い)	갈색	茶色_{ちゃいろ}い封筒_{ふうとう}
□ ちょうど	마침, 딱	ちょうど2時_じです。／ちょうどいいです。
□ 疲れる_{つか}	피곤하다	今日_{きょう}は疲_{つか}れました。
□ 次_{つぎ}	다음	次_{つぎ}のページ／次_{つぎ}、どこに行_いきますか。
□ 勤める_{つと}	근무하다	A社_{しゃ}に勤_{つと}めています。
□ つまらない	재미없다	つまらない映画_{えいが}
□ 出かける_で	외출하다	買_かい物_{もの}に出_でかけます。
□ 出口_{でぐち}	출구	
□ どうぞ	자, 부디 (권하는 말)	どうぞ、お先_{さき}に。
□ 時々_{ときどき}	가끔	時々_{ときどき}、外_{そと}で食_たべます。

☐ 所 ところ	장소, 곳	行きたい所、場所 い　　　ところ　ばしょ
☐ 年① とし	해	新しい年 あたら　とし
☐ 年② とし	나이, 연령	(お)年はいくつですか。 とし
☐ とても	매우, 대단히	とても大きいです。 おお
☐ どなた	어느 분	どなたですか。
☐ 隣 となり	이웃, 옆	隣の部屋／家 となり　へや　いえ
☐ 止まる と	멈추다	時計が止まっています。 とけい　と
☐ 鳥 とり	새	鳥が飛んでいます。 とり　と
☐ 取る と	집다	その赤いかさを取ってください。 あか　　　　　と
☐ どんな	어떤	どんなスポーツが好きですか。 す

な〜の

☐ 無くす な	없애다	きっぷをなくしました。
☐ なぜ	어째서	＝どうして
☐ 〜など	〜등	
☐ 習う なら	배우다	ピアノを習っています。 なら
☐ 並ぶ なら	줄을 서다	ここに並んでください。 なら
☐ 並べる なら	나란히 늘어놓다	いすを並べてください。 なら
☐ なる(〜に)	되다	彼女は先生になりました。 かのじょ　せんせい
☐ ニュース	뉴스	テレビのニュース
☐ 庭 にわ	정원	家の庭 いえ　にわ
☐ 脱ぐ ぬ	벗다	セーターを脱ぎました。 ぬ
☐ 登る のぼ	(높은 곳으로) 오르다	よく山に登ります。 やま　のぼ

は〜ほ

□ パーティー	파티	パーティーに出る
□ はく（〜を）	신다, 입다	くつ / ズボン / スカートをはきます。
□ 箱 はこ	상자	箱を開ける
□ 始め / 初め はじ　　はじ	처음, 최초	〈テスト〉始めに、名前を書いてください。／7月の初め
□ 初めて はじ	처음으로	初めて会う
□ パソコン	PC, 컴퓨터	
□ 早い はや	(시간적으로) 이르다	明日は授業が早いです。
□ 速い はや	(동작·속도가) 빠르다	速くて、何を言っているか、よくわかりません。
□ 晴れ は	맑음	明日は晴れです。
□ 番号 ばんごう	번호	部屋の番号
□ 半分 はんぶん	반, 절반	半分の大きさ、半分ずつ食べる
□ 弾く ひ	연주하다, (악기를) 타다, 켜다, 치다	母はときどき、ピアノを弾きます。
□ ひま（な）	한가함	ひまな時、ひまになる
□ 病気 びょうき	병	病気になる、病気で休む
□ 封筒 ふうとう	봉투	茶色い封筒
□ プール	수영장	プールで泳ぐ
□ 吹く ふ	불다	風はほとんど吹いていません。
□ 太い ふと	굵다	太いペン
□ 降る ふ	내리다	雨が降っています。
□ 文章 ぶんしょう	문장	文章を読む
□ 下手（な） へた	서투름	料理は下手です。／下手な絵
□ 辺 へん	부근, 근처	この辺は店が多いです。

☐ 方 ほう	쪽, 편	小さい方、赤い方、近い方 ちい ほう あか ほう ちか ほう
☐ ぼうし	모자	帽子をかぶる ぼうし
☐ ボールペン	볼펜	
☐ ほか	그 밖, 이외	ほかの色／ほかのも見せてください。 いろ み
☐ ポケット	포켓	ズボンのポケット
☐ ほしい	원하다	飲み物がほしいです。 の もの
☐ ボタン	단추	白いボタンを押してください。／ワ しろ お イシャツのボタン お
☐ 本棚 ほんだな	책장	辞書は本棚に戻してください。 じしょ ほんだな もど
☐ 本当 ほんとう	정말	それは本当ですか。／本当のことを ほんとう ほんとう 言ってください。 い

ま〜も

☐ まずい	맛없다	まずい料理 りょうり
☐ まだ①	아직	夕飯はまだ食べていません。 ゆうはん た
☐ まだ②	아직도, 여태까지	まだ雨が降っています。 あめ ふ
☐ まっすぐ	곧장, 똑바로	この道をまっすぐ行ってください。 みち い
☐ 祭り まつ	축제	祭りに行く まつ
☐ 丸い／円い まる まる	동그랗다	丸いテーブル まる
☐ 磨く みが	닦다, 광을 내다	くつを磨く みが
☐ 見せる み	보여주다	写真を見せてください。 しゃしん み
☐ 皆さん みな	여러분	「皆さん、ここに来てください。」／皆 みな き さんからの質問 みな しつもん
☐ 向こう む	건너편	向こうの店に行きましょう。／山の む みせ い やま 向こうには何がありますか。 む なに
☐ メール	이메일	メールを送る、メールを書く おく か
☐ もう	이미	その本はもう読みました。 ほん よ

□ もう〜ない	이제〜없다/아니다	もうお金がありません。／もう要りません。／もう会いたくありません。
□ 持つ①	들다	この荷物を持ってください。
□ 持つ②	가지다	車は持っていません。
□ もっと	좀더	もっと安いのはないですか。／もっと強く引いてください。
□ 門	문	門が閉まっています。

や〜よ

□ 〜屋	〜가게	パン屋、本屋
□ 野菜	야채	野菜をたくさん食べます。
□ 易しい	쉽다	易しい問題
□ 有名(な)	유명	有名な場所
□ ゆっくり(と)	천천히	もっとゆっくり話してください。
□ 横	옆	本だなはソファーの横に置きました。
□ 呼ぶ	부르다	店員を呼ぶ、名前を呼ぶ／みんな、彼のことを「先生」と呼んでいました。
□ 弱い	약하다	子どもの頃は、体が弱かったです。

ら〜ん

□ りっぱ(な)	훌륭함	立派な建物／家／人
□ 両親	부모	
□ 練習(する)	연습	テニスの練習、練習問題
□ ろうか	복도	ろうかを走らないでください。
□ 若い	젊다	若い人たち、若い頃
□ 忘れる	잊다, 잊고 두고 오(가)다	日にちを忘れる／かさを忘れました。
□ 渡す	건네주다	かぎは妹に渡しました。

□ 渡る わた	건너다	橋を渡る はし　わた

「문법」포인트 60

항목	예문
1 □ い형용사くて	駅から近くて、便利です。 역에서 가까워 편리합니다.
2 □ い형용사く＋동사	早く起きます。 일찍 일어납니다.
3 □ い형용사＋명사, な형용사＋N	安い店／静かな店 싼 가게/조용한 가게
4 □ な형용사に＋동사	きれいに書きます。 예쁘게 씁니다.
5 □ い형용사の	赤いのをください。 빨간 것을 주세요.
6 □ な형용사なの	きれいなのをください。 깨끗한 것을 주세요.
7 □ 場所に～がある	冷蔵庫にケーキがあります。 냉장고에 케이크가 있습니다.
8 □ 자동사와 타동사	① 9時に授業が始まります。 9시에 수업이 시작됩니다. ② 9時に授業を始めます。 9시에 수업을 시작됩니다.
9 □ てある	玄関に荷物が置いてあります。 현관에 짐이 놓여 있습니다.
10 □ ている	窓が閉まっています。 창문이 닫혀 있습니다.
11 □ ～ないで 동사	息子は朝ご飯も食べないで出かけました。 아들은 아침 식사도 하지 않고 나갔습니다.
12 □ 명사 수식	私の知らない人／母が作った料理 내가 모르는 사람/어머니가 만든 요리
13 □ 의문사＋か	① 何か食べますか。 무언가 먹겠습니까? ② 入口がどこか、わかりません。 입구가 어딘지 모르겠습니다.

항목	예문
14 ☐ この、その、あの、どの	① この店に入りましょう。 이 가게에 들어갑시다. ② その店は駅から近いですか。 그 가게는 역에서 가깝습니까? ③ あの店は何の店ですか。 저 가게는 무슨 가게입니까? ④ どの店がいいですか。 어느 가게가 좋습니까?
15 ☐ こちら、そちら、どちら	① こちらにどうぞ。 이쪽으로 오세요. ② もうすぐそちらに着きます。 이제 곧 그쪽에 도착합니다. ③ 出口はあちらです。 출구는 저쪽입니다. ④ 受付はどちらですか。 접수는 어느 쪽입니까?
16 ☐ こっち、そっち、どっち	① こっちに来てください。 이 쪽으로 와 주세요. ② 今からそっちに行きます。 지금부터 그 쪽에 가겠습니다. ③ 危ないから、あっちに置いてください。 위험하니까 저쪽에 놓아 주세요. ④ 赤と白、どっちがいいですか。 빨강과 하양 어느 쪽이 좋습니까?
17 ☐ 〜は 〜が	これはチーズではありません。バターです。 あれがチーズです。 이것은 치즈가 아닙니다. 버터입니다. 저것이 치즈입니다.
18 ☐ 〜を	店の前を通る／この道を歩く／公園を散歩する ／部屋を出る 가게 앞을 지나다 / 이 길을 걷다 / 공원을 산책하다 / 방을 나오다
19 ☐ 〜に	先生に会う／友だちにもらう／バスに乗る／家 にある／買いに行く／練習に行く／週に３回 선생님과 만나다 / 친구에게 받다 / 버스를 타다 / 집에 있다 / 사러 가다 / 연습하러 가다 / 일주일에 3번
20 ☐ 〜で	公園で遊ぶ／バスで行く／木で作る／かぜで休 む／３つで100円／一人で行く 공원에서 놀다 / 버스로 가다 / 나무로 만들다 / 감기로 쉬다 / 3개에 100엔 / 혼자서 가다

항목	예문
21 ☐ ～へ	図書館へ行く。 도서관에 가다
22 ☐ ～と	友だちと会う／妹と行く。 친구들과 만나다/여동생과 가다
23 ☐ ～から　～まで	9時から11時まで勉強します。 9시부터 11시까지 공부합니다.
24 ☐ ～は	① 練習は外でしてください。 　연습은 밖에서 해 주세요. ② 私はお酒は飲みません。 　저는 이 술은 마시지 않습니다. ③ 私は行きますが、彼女は行きません。 　저는 가지만 그녀는 가지 않습니다.
25 ☐ ～も	私は行きます。彼女も行きます。 나는 갑니다. 그녀도 갑니다.
26 ☐ 조사＋조사 　（격조사＋は/も）	① この部屋にはテレビがありません。 　이 방에는 텔레비전이 없습니다. ② 日本でも、彼は有名です。 　일본에서도 그는 유명합니다. ③ 京都へは何で行きますか。 　교토에는 무엇으로 갑니까? ④ 彼とは話しました。 　그와는 이야기했습니다. ⑤ 外国からもたくさんの人が京都へ来ます。 　외국에서도 많은 사람이 교토에 옵니다.
27 ☐ ～か	① 今日か明日、返事をします。 　오늘이나 내일 답을 하겠습니다. ② 行くか行かないか、早く決めてください。 　갈지 말지 빨리 정해주세요.
28 ☐ ～くらい／～ぐらい	この部屋には30人ぐらい入ります。 이 방에는 30명 정도 들어갑니다.
29 ☐ ～だけ	一人だけ遅れて来ます。 한 사람만 늦게 올 겁니다.
30 ☐ ～しか	① 1000円しか持っていません。 　1000엔밖에 가지고 있지 않습니다. ② 日本の歌しか知りません。 　일본 노래밖에 모릅니다.

항목	예문
31 ☐ 〜て	① 朝起きて、新聞を読みます。 아침에 일어나 신문을 읽습니다. 〈시간순〉 ② これを使って作ります。 이것을 사용해 만듭니다. 〈수단〉 ③ かぜをひいて休みました。 감기에 걸려 쉬었습니다. 〈이유〉
32 ☐ 〜ながら	テレビを見ながら、ごはんを食べます。 텔레비전을 보면서 밥을 먹습니다.
33 ☐ 〜たり	休みの日は、テレビを見たり、本を読んだりします。 쉬는 날에는 텔레비전을 보거나 책을 읽거나 합니다.
34 ☐ 〜じゅう	ここは一年中暑いです。 여기는 일 년 내내 덥습니다.
35 ☐ 〜たち	田中さんたち 다나카 씨들
36 ☐ 〜ころ／ごろ	7月ごろに 7월경에
37 ☐ あまり〜ない	わたしはテレビをあまり見ません。 나는 텔레비전을 별로 보지 않습니다.
38 ☐ 〜をください	それをください。 그것을 주세요.
39 ☐ 동사 てください	名前を書いてください。 이름을 써 주세요.
40 ☐ 동사 ないでください	ここで写真をとらないでください。 여기에서 사진을 찍지 말아 주세요.
41 ☐ 동사 てくださいませんか	その本を貸してくださいませんか。 그 책을 빌려 주시지 않겠습니까?
42 ☐ 동사 ましょう	〈教室で〉先生「授業を始めましょう。」 〈교실에서〉 선생님 "수업을 시작합시다"
43 ☐ 동사 ませんか	いっしょに映画を見に行きませんか。 함께 영화를 보러 가지 않겠습니까.
44 ☐ 명사 がほしい	新しい辞書がほしいです。 새 사전을 갖고 싶습니다.
45 ☐ 동사 たい	疲れました。少し休みたいです。 피곤합니다. 조금 쉬고 싶습니다.

항목	예문
46 ☐ 〜が	おいしいですが、ちょっと高いです。 맛있지만 조금 비쌉니다.
47 ☐ 〜とき	① 学校へ行くとき、ここを通ります。 학교에 갈 때 여기를 지납니다. ② 先週会った時、彼は元気でした。 지난주에 만났을 때 그는 잘 있었습니다.
48 ☐ 〜てから	手をあらってから、ごはんを食べます。 손을 씻고 나서 밥을 먹습니다.
49 ☐ 〜たあとで	映画をみたあとで、きっさてんに行きます。 영화를 본 다음에 커피숍에 갑니다.
50 ☐ 〜まえに	寝る前に、本を読みます。 자기 전에 책을 읽습니다.
51 ☐ 推量	明日はいい天気でしょう。 내일은 좋은 날씨일 것입니다.
52 ☐ い형용사 くなる/な형용사になる/명사になる	① もうすぐ暖かくなります。 이제 곧 따뜻해질 것입니다. ② たくさん寝て、元気になりました。 많이 자서 기운이 낫습니다. ③ むすこは高校生になりました。 아들은 고등학생이 되었습니다.
53 ☐ い형용사くする/형용사にする/명사にする	① 部屋を明るくします。 방을 밝게 합니다. ② 部屋をきれいにします。 방을 깨끗이 합니다. ③〈レストランで〉わたしはコーヒーにします。 〈레스토랑에서〉나는 커피로 하겠습니다.
54 ☐ もう＋긍정	もう家に帰りました。 이미 집에 돌아갔습니다.
55 ☐ もう＋부정	もうお金がありません。 이제 돈이 없습니다.
56 ☐ もう＋긍정	まだ時間があります。 아직 시간이 있습니다.
57 ☐ もう＋부정	バスはまだ来ません。 버스는 아직 오지 않습니다.
58 ☐ 〜という	田中というものです。 다나카라고 하는 사람입니다.

항목	예문
59 ☐ ～から	寒いから、コートを着ます。 추우니까 코트를 입습니다.
60 ☐ ～は～が	私はこの本が読みたいです。 나는 이 책을 읽고 싶습니다.

MEMO

초판인쇄	2018년 5월 11일
1판 2쇄	2022년 3월 15일

저자	渡邉亜子・青木幸子・高橋尚子・藤田朋世・黒江理恵
펴낸이	엄태상
책임 편집	조은형, 무라야마 토시오, 박현숙, 김성은, 손영은
디자인	권진희
조판	김성은
콘텐츠 제작	김선웅, 김현이, 유일환
마케팅	이승욱, 왕성석, 노원준, 조인선, 조성민
경영기획	마정인, 조성근, 최성훈, 김다미, 오희연
물류	정종진, 윤덕현, 양희은, 신승진

펴낸곳	시사일본어사(시사북스)
주소	서울시 종로구 자하문로 300 시사빌딩
주문 및 교재 문의	1588-1582
팩스	0502-989-9592
홈페이지	www.sisabooks.com
이메일	book_japanese@sisadream.com
등록일자	1977년 12월 24일
등록번호	제300-1977-31호

ISBN 978-89-402-9240-2 18730
　　　978-89-402-9235-8 18730 (set)

모의고사 제1회

N5

언어지식
(문자·어휘)

もんだい1 _____の ことばは ひらがなで どう かきますか。

1・2・3・4から いちばん いい ものを ひとつ えらん
で ください。

(れい) 教室に 学生が 3にん います。

　1 きょうしつ　　　2 きょしつ　　　　3 きしつ　　　　　4 きょうしっつ

　　（かいとうようし）　| (れい) | ● | ② | ③ | ④ |

1 兄弟は なんにんですか。
　　1 きょだい　　2 きょうたい　　3 ぎょうだい　　4 きょうだい

2 がっこうは こうえんの 西に あります。
　　1 にし　　　　2 ひがし　　　　3 みなみ　　　　4 きた

3 きょうは しがつ 四日です。
　　1 ようか　　2 よっか　　　　3 よか　　　　4 よが

4 つくえの 下に ねこが います。
　　1 うえ　　　2 まえ　　　　3 うしろ　　　　4 した

5 ふじさんは にほんで いちばん 高い やまです。
　　1 ひくい　　2 やすい　　　　3 たかい　　　　4 ほそい

6 この　ほんは　800円でした。

1　はぴゃくえん　　　　　　　　2　はびゃくえん

3　はっびゃくえん　　　　　　　4　はっぴゃくえん

7 ボールペンを　三本　かいました。

1　しゃほん　　　　　　　　　　2　さんぽん

3　さんぼん　　　　　　　　　　4　しゃんぼん

8 パンを　半分　もらいました。

1　はむぶん　　　　2　はむぷん　　　　3　はんぶん　　　　4　はんぷん

9 新しい　くるまが　ほしいです。

1　かなしい　　　　2　あたらしい　　　　3　たのしい　　　　4　すずしい

10 海に　およぎに　いきます。

1　いみ　　　　　　2　うみ　　　　　　3　かみ　　　　　　4　いけ

もんだい2 ＿＿＿の ことばは どう かきますか。1・2・3・4から
いちばん いい ものを ひとつ えらんで ください。

4分（1問30秒）

(れい) なつやすみは くにに かえります。

1 固　　　　2 国　　　　3 図　　　　4 囲

(かいとうようし) | (れい) | ① ● ③ ④

11 わいしゃつを かいました。
1 ワイシャツ　　　　2 ワイシャソ
3 ウイリャソ　　　　4 ウィシヤツ

12 あさごはんを たべました。
1 食べました　　　　2 分べました
3 今べました　　　　4 飯べました

13 ひがしの そらが あかいです。
1 来　　　　2 車　　　　3 東　　　　4 天

14 この くるまは 100まんえんです。
1 100万　　2 100子　　3 100方　　4 100友

15 あした ごご 2じに えきで あいましょう。
1 牛前　　　2 午後　　　3 午前　　　4 牛後

4

16 せんせいの　はなしを　<u>きき</u>ました。

　　1　聞きました　　　　　　　　　2　聞きました

　　3　問きました　　　　　　　　　4　門きました

17 まいにち　3<u>じかん</u>　べんきょうします。

　　1　時間　　　　　2　時聞　　　　　3　忖間　　　　　4　昕間

18 <u>あめ</u>が　ふって　います。

　　1　冉　　　　　　　2　雨　　　　　　3　再　　　　　　4　両

もんだい3 （　　　）に　なにを　いれますか。1・2・3・4から　いち　ばん　いい　ものを　ひとつ　えらんで　ください。

(れい) かんじを　たくさん（　　　）。

1　おぼえました　　　　　　　　2　うたいました

3　しめました　　　　　　　　　4　はいりました

（かいとうようし）　| (れい) | ● ② ③ ④ |

---

19 まいばん　テレビの　（　　　）を　みます。

1　ノート　　　　　2　ラジオ　　　　　3　ニュース　　　　4　ポスト

20 としょかんの　ほんを　（　　　）。

1　おしました　　　　　　　　　2　かえしました

3　かえりました　　　　　　　　4　おわりました

21 すずきさんは　あかい　ぼうしを　（　　　）います。

1　かぶって　　　　2　きて　　　　　3　はいて　　　　4　はいって

22 （　　　）ですから、ちかへ　いかないでください。

1　あぶない　　　2　いたい　　　3　おおきい　　　4　とおい

23 いちにち　3（　　　）ごはんを　たべます。

1　えん　　　　　2　だい　　　　3　かい　　　　　4　ばん

6

24 (　　　) が とても おもいです。

　1 やま　　　　　2 みみ　　　　　3 にもつ　　　4 りょうり

25 この カメラで わたしを (　　　) ください。

　1 かって　　　　2 まって　　　　3 とって　　　4 もって

26 サッカーの (　　　) を します。

　1 せんしゅう　　2 れんしゅう　　3 コート　　　4 スポーツ

27 きっさてんは くつやの (　　　) です。

　1 まえ

　2 となり

　3 うえ

　4 した

28 たなかさんは (　　　) で たべて います。

　1 フォーク

　2 ナイフ

　3 はし

　4 スプーン

もんだい4 _____の ぶんと だいたい おなじ いみの ぶんが あります。1・2・3・4から いちばん いい ものを ひとつ えらんで ください。

5分〈1問60秒〉

(れい) わたしの たんじょうびは 4がつ ついたちです。

1 4がつ ついたちに たいしかんに いきました。

2 4がつ ついたちに けっこんしました。

3 4がつ ついたちに うまれました。

4 4がつ ついたちに しごとを はじめました。

（かいとうようし）　| **(れい)** | ① | ② | ● | ④ |

---

29 せんしゅう かぜを ひきました。でも、もう、だいじょうぶです。

1 かぜを ひいて ずっと ねています。

2 かぜを ひいて がっこうを やすんで います。

3 かぜを ひきました。まだ、よくありません。

4 かぜを ひきました。いまは、げんきです。

30 この しごとは じかんが かかります。

1 この しごとは すぐに できます。

2 この しごとは すぐに できません。

3 この しごとは たいへん かんたんです。

4 この しごとは とても つまらないです。

31 ゆうべ　みちで　すずきさんに　あいました。

　1　おとといの　よる　みちで　すずきさんに　あいました。

　2　おとといの　あさ　みちで　すずきさんに　あいました。

　3　きのうの　よる　みちで　すずきさんに　あいました。

　4　きのうの　あさ　みちで　すずきさんに　あいました。

32 たなかさんは　うたが　じょうずでは　ありません。

　1　たなかさんは　うたが　きらいです。

　2　たなかさんは　うたが　すきです。

　3　たなかさんは　うたが　すきではありません。

　4　たなかさんは　うたが　へたです。

33 この　ズボンは　きたないです。

　1　この　ズボンは　きれいではありません。

　2　この　ズボンは　じょうぶではありません。

　3　この　ズボンは　ふるいです。

　4　この　ズボンは　みじかいです。

모의고사 제1회

N5

언어지식
(문법)

────────

독해

50분

もんだい1 （　）に　何を　入れますか。1・2・3・4から　いちばん
　　　　　　　いい　ものを　一つ　えらんで　ください。

(れい) ここ（　　）きょうしつです。

1　に　　　　　　2　を　　　　　　3　は　　　　　　4　や

（かいとうようし）　| (れい) | ① ② ● ④ |

1　スーパーで　りんご（　　　）みかんを　かいました。

　　1　は　　　　　　2　も　　　　　　3　と　　　　　　4　か

2　弟は　今年　大学（　　　）入りました。

　　1　に　　　　　　2　が　　　　　　3　か　　　　　　4　や

3　これは　わたし（　　　）かいた　絵です。

　　1　が　　　　　　2　で　　　　　　3　は　　　　　　4　を

4　兄は　サッカーが　好きですが、弟（　　　）あまり　好きでは
　ありません。

　　1　と　　　　　　2　に　　　　　　3　も　　　　　　4　は

5　わたしは　自転車（　　　）のって、うみへ　行きました。

　　1　に　　　　　　2　の　　　　　　3　で　　　　　　4　を

6 A「何時に　うちへ　帰りますか。」

　　B「7時　（　　　　）　帰ります。」

　　1　ごろ　　　　　　2　じゅう　　　　　3　まで　　　　　4　ぐらい

7 A「田中さんは、どこですか。」

　　B「あそこです。今　電話で　（　　　　）。」

　　1　話しました　　　　　　　　　2　話しています

　　3　話しませんでした　　　　　　4　話しません

8 田中「リサさんは、（　　　　）　国へ　帰りますか。」

　　リサ「1月に　帰ります。」

　　1　どのくらい　　　2　なに　　　　　3　どこ　　　　　4　いつ

9 先生「明日は　本と　ノートを（　　　　）。」

　　学生「はい。わかりました。」

　　1　持ってきました　　　　　　　2　持ってきましょうか

　　3　持ってきたいです　　　　　　4　持ってきてください

10 わたしは　子どもの　時、スポーツが（　　　　）。

　　1　好きではありませんでした　　　2　好きくなかったです

　　3　好きはなかったです　　　　　　4　好きではないでした

11 A「田中さんの 電話ばんごうを 知っていますか。」
　　B「いいえ。（　　　　）。」

　1　知りません　　　　　　　　　2　知りないです
　3　知っていません　　　　　　　4　知っていないです

12 A「映画を （　　　） あとで、デパートへ 行きませんか。」
　　B「ああ、いいですね。」

　1　見る　　　　　　2　見て　　　　　　3　見た　　　　　4　見ます

13 かよう日と もくよう日 （　　　） ピアノを 教えています。

　1　から　　　　　　2　だけ　　　　　　3　まで　　　　　4　ほど

14 木村「田中さんは、よく テレビを 見ますか。」
　　田中「いいえ、（　　　） 見ません。」

　1　よく　　　　　　2　ときどき　　　3　あまり　　　　4　すこし

15 きのうの 映画は （　　　　）。

　1　おもしろくないかったです　　　2　おもしろくなかったです
　3　おもしろいじゃなかったです　　4　おもしろいだったです

16 A「きのう、新しい デパートへ 行きました。」
　　B「（　　　）。どうでしたか。」

　1　そうですか　　　　　　　　　　2　そうですよ
　3　そうですね　　　　　　　　　　4　そうです

もんだい2 ＿＿★＿＿に入る ものは どれですか。1・2・3・4から い
ちばん いい ものを 一つ えらんで ください。

5分（1問50秒）

（もんだいれい）

A「その ＿＿＿＿ ＿＿＿＿ ＿★＿ ＿＿＿＿ 買いましたか。」
B「大学の 本屋で 買いました。」

1 は　　　　　2 本　　　　　3 で　　　　　4 どこ

（こたえかた）

1. ただしい 文を つくります。

A「その ＿＿＿＿ ＿＿＿＿ ＿★＿ ＿＿＿＿ 買いましたか。」
　　 2 本　 1 は　 4 どこ　 3 で
B「大学の 本屋で 買いました。」

2. ＿★＿に 入る ばんごうを くろく ぬります。

（かいとうようし）　| （れい） | ① ② ③ ● |

---

17 （学校で）

森先生「新しい ＿＿＿＿ ＿＿＿＿ ＿★＿ ＿＿＿＿ ね。」
野村先生「ええ。子どもたちもきっと喜ぶでしょう。」

1 ひろくて　　　2 教室　　　　3 きれいです　　4 は

16

18 カルロス「けさは ＿＿＿ ＿＿＿ ★ ＿＿＿ へ 来ました。」

マリア 「じゃあ、お腹が空いているでしょう。」

1 も 　　　　 2 学校 　　　　 3 食べないで 　　 4 何

19 (交番で)

田中 　「すみません、ゆうびんきょく ＿＿＿ ＿＿＿ ★

＿＿＿ か。」

けいかん「あの 白い ビルの 前に ありますよ。」

1 どこ 　　　　 2 あります 　　　 3 に 　　　　 4 は

20 山下 　「スミスさん、けさは 何を しましたか。」

スミス 「図書館 ＿＿＿ ＿＿＿ ★ ＿＿＿ 行きました。」

1 かりに 　　　 2 へ 　　　　 3 を 　　　　 4 本

21 リサ 　「今日の午後は 映画を ＿＿＿ ＿＿＿ ★ ＿＿＿

行きませんか。」

よう子「ええ。そうしましょう。」

1 へ 　　　　 2 それから 　　 3 みて 　　　 4 きっさてん

⏳ 6分（1問70秒）

もんだい3 ［22］から［26］に 何を 入れますか。ぶんしょうの いみ を かんがえて、1・2・3・4から いちばん いい ものを 一つ えらんで ください。

日本で べんきょうして いる 学生が「じこしょうかい」の ぶん しょうを 書いて、クラスの みんなの 前で 読みました。

(1) リサさんの ぶんしょう

> はじめまして。わたしは リサです。ブラジル ［22］ 来ました。
>
> わたしは 日本の 映画が すきです。国で 日本の 映画を たく さん みました。わたしは 日本語で 日本の 映画を みたいです。 ［23］、まだ 日本語が あまり わかりませんから、みることが で きません。これから、日本語の べんきょうを がんばります。みなさ ん、こんど いっしょに 日本の えいがを みましょう。よろしく おねがいします。

(2) キムさんの ぶんしょう

> みなさん、はじめまして。わたしは かんこくの キムです。わたし は せんげつ 日本へ 来ました。わたしは 今 日本の 会社で ［24］。
>
> わたしは 日本の 食べ物が 好きです。先週、会社の 人と おす しを 食べに 行きました。おすしは とても おいしかったです。ま た 食べに ［25］。みなさんは 日本の 食べ物で ［26］ が い ちばん すきですか。おいしい 食べ物を いろいろ おしえて くだ さいね。

22

    1　まで   2　から   3　に   4　と

23

    1　でも   2　それから   3　だから   4　では

24

    1　はたらきます   2　はたらきません

    3　はたらいています   4　はたらいていませんでした

25

    1　行きましょう   2　行きたいです

    3　行きませんか   4　行っていませんでした

26

    1　どちら   2　何{なに}   3　どこ   4　いくら

もんだい4 つぎの (1)から (3)の ぶんしょうを 読んで、しつもんに こ
たえて ください。こたえは、1・2・3・4から いちばん い
い ものを 一つ えらんで ください。

9分（1大問3分）

(1)

　きのうは　わたしの　たんじょう日でした。田中さんと　石川さんの
二人から　花と　CDを　もらいました。CDは　妹も　大好きな　歌
ですから、いっしょに　聞きました。今日は　弟が　聞いています。

27 「わたし」は　だれと　CDを　聞きましたか。

1　田中さんと　石川さんと　聞きました。

2　石川さんと　聞きました。

3　妹と　聞きました。

4　弟と　聞きました。

(2)

　図書館は　駅の　近くに　あります。駅を　出て　右に　ぎんこうが
ありますから、そこを　右に　まがって　ください。少し　まっすぐ
行って、本屋が　ある　かどを　左に　まがって　ください。道の　右
がわに　図書館が　あります。

28　図書館は　どこですか。

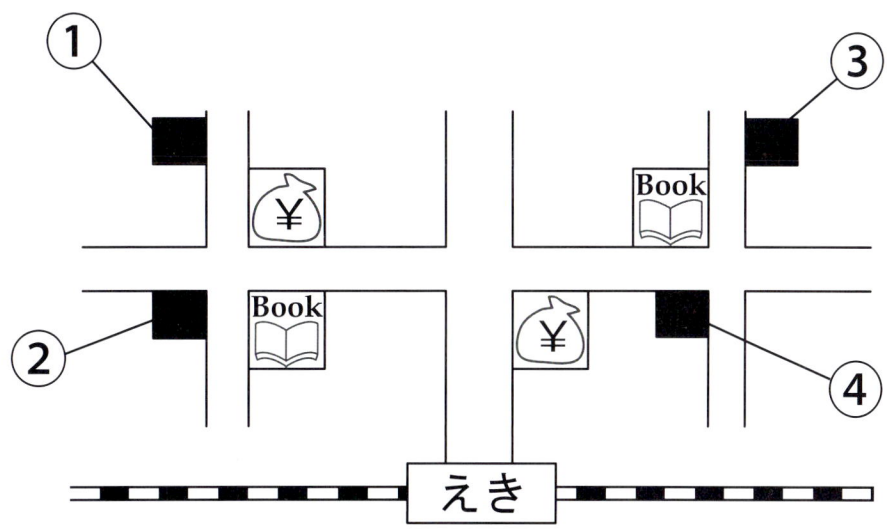

(3)

山下さんから 田中さんに メールが 来ました。

田中さん

おひさしぶりです。北海道は さむいですか。
7月 15 日から 友だちと 北海道に 旅行に 行きます。
その時に 会うことは できませんか。わたしは 15 日の
夜と 16 日の 昼は 友だちと いっしょですが、16 日の
夜は ひとりです。おへんじを 待っています。

山下

---

29 山下さんは いつ 時間が ありますか。

1 7月 15 日の 昼
2 7月 15 日の 夜
3 7月 16 日の 昼
4 7月 16 日の 夜

もんだい5 つぎの ぶんしょうを 読んで、しつもんに こたえて ください。こたえは、1・2・3・4から いちばん いいものを 一つ えらんで ください。

12分

　わたしは 毎日 電車で 大学に 行っています。きのうは 電車の 中で すわって本を 読んでいました。おもしろい 本でした。少し して、となりの 人が「どうぞ、すわって ください」と 言いました。前に おばあさんが 立っていました。となりの 人が 立って、おばあさんが すわりました。おばあさんは「ありがとうございます」と 言いました。わたしは 本を 読んでいましたから、おばあさんが いる ことが わかりませんでした。

　ときどき ほかの 人を 見る ことが 大切です。次は 電車や バスの 中で おじいさんやおばあさんに「どうぞ」と 言いたいです。

30 「わたし」は どうして「どうぞ」と 言いませんでしたか。
　1 すわって 本を 読みたかったから
　2 となりの 人が 先に 言ったから
　3 知らない おばあさんだったから
　4 おばあさんを 見ていなかったから

31 「わたし」は、次は どうしますか。
　1 ほかの人と 話します。
　2 立って 本を 読みます。
　3 おじいさんたちに「どうぞ」と 言います。
　4 おばあさんに「ありがとうございます」と 言います。

23

もんだい6 右の ページを 見て、下の しつもんに こたえて ください。
こたえは、1・2・3・4から いちばん いい ものを 一つ
えらんで ください。

---

32 田中さんは、かぞくで どうぶつえんに 行きました。田中さんの
かぞくは 5人です。田中さんと 奥さん、そして 3人の 子ども
です。いちばん 上の 高校生の 女の子は 友だちと プールに
行きましたから、来ていません。あとの 二人は 男の子で、10 さ
いと 5さいです。ぜんぶで いくら はらいますか。

1 3400 円
2 2900 円
3 2400 円
4 2100 円

さくら　どうぶつえん

●時間
　午前 10：00 ～午後 17：00

●お金
　おとな(12 さい～)…800 円
　こども(6 さい～ 11 さい)…500 円
　※5 さいまでは　お金は　いりません。

　今　かわいい　どうぶつの　赤ちゃんが　たくさん　います。
　　「ともだちランド」に　見に　来て　ください。

모의고사 제1회

N5

청해

もんだい 1

もんだい1では、はじめに　しつもんを　きいて　ください。それから
はなしを　きいて、もんだいようしの　1から4の　なかから、いちばん
いい　ものを　ひとつ　えらんで　ください。

れい

1ばん

2ばん

1 2かい

2 4かい

3 6かい

4 8かい

3ばん

4ばん

5ばん

6ばん

7ばん

1　1ばんホームの　でんしゃ

2　2ばんホームの　でんしゃ

3　3ばんホームの　でんしゃ

4　4ばんホームの　でんしゃ

もんだい２ 🎧11~18 1회

　もんだい２では、はじめに　しつもんを　きいて　ください。それから　はなしを　きいて、もんだいようしの　１から４の　なかから、いちばん　いい　ものを　ひとつ　えらんで　ください。

れい

1　ふつか

2　みっか

3　よっか

4　いつか

１ばん

1　80 えん

2　160 えん

3　250 えん

4　410 えん

２ばん

1　２さつ

2　５さつ

3　７さつ

4　10 さつ

3ばん

1　くるま

2　バス

3　しんかんせん

4　ひこうき

4ばん

1　8じ　30ぷん　ごろ

2　8じ　40ぷん　ごろ

3　8じ　50ぷん　ごろ

4　9じ　ごろ

5ばん

1　こんしゅうの　かようび

2　こんしゅうの　すいようび

3　らいしゅうの　かようび

4　らいしゅうの　すいようび

6ばん

1　こうえん

2　デパート

3　としょかん

4　えいがかん

もんだい３

もんだい３では、えを　みながら　しつもんを　きいて　ください。
➡（やじるし）の　ひとは　なんと　いいますか。１から３の　なかから、
いちばん　いい　ものを　ひとつ　えらんで　ください。

れい

１ばん

2ばん

3ばん

4ばん

5ばん

もんだい4

もんだい４では、えなどが　ありません。ぶんを　きいて、１から３の
なかから、いちばん　いい　ものを　ひとつ　えらんで　ください。

― メモ ―

모의고사 제2회

N5

언어지식
(문자·어휘)

もんだい1 ＿＿＿の ことばは ひらがなで どう かきますか。

1・2・3・4から いちばん いい ものを ひとつ えらんで ください。

(れい) 教室に 学生が 3にん います。

1 きょうしつ　　2 きょしつ　　　3 きしつ　　　4 きょうしっつ

（かいとうようし）　|（れい）| ● ② ③ ④ |

---

① 銀行は 9じから 3じまでです。

1 きんこ　　　2 ぎこう　　　3 きんこう　　4 ぎんこう

② わたしの 右に やまださんが います。

1 みり　　　　2 みき　　　　3 みぎ　　　　4 みに

③ えきまで 走って いきました。

1 はしって　　2 まって　　　3 やって　　　4 きって

④ まちの 北に こうえんが あります。

1 きだ　　　　2 きった　　　3 きた　　　　4 きっだ

⑤ この へやは 暗いです。

1 せまい　　　2 ひろい　　　3 あかるい　　4 くらい

6 わたしの　父は　56さいです。

　　1　ちっち　　　　2　ちっじ　　　　3　ちち　　　　4　ちじ

7 きょうは　十月十日です。

　　1　どおか　　　　2　とうか　　　　3　とおか　　　　4　どうか

8 きのう　動物えんに　いきました。

　　1　とうぶつ　　　2　どぶつ　　　　3　どうぶつ　　　4　とっぶつ

9 彼は　若いですね。

　　1　わるい　　　　2　わかい　　　　3　ほそい　　　　4　ふるい

10 ともだちに　電話を　かけました。

　　1　てんわ　　　　2　でんわ　　　　3　てわ　　　　　4　でわ

もんだい2　_____の　ことばは　どう　かきますか。1・2・3・4から
　　　　　いちばん　いい　ものを　ひとつ　えらんで　ください。

4分（1問30秒）

(れい)　なつやすみは　くにに　かえります。

　　1　固　　　　　　2　国　　　　　　3　図　　　　　　4　囲

　　　（かいとうようし）　| (れい) | ① ● ③ ④ |

11 かれんだーを　かべに　かけました。
　　1　カレンダー　　　2　カレソダー　　　3　カレツダー　　　4　カルソダー

12 まいにち　ほんを　よみます。
　　1　話みます　　　　2　読みます　　　　3　語みます　　　　4　見ます

13 こうえんで　おとこのこが　あそんで　います。
　　1　女　　　　　　　2　易　　　　　　　3　另　　　　　　　4　男

14 この　クラスには　せいとが　25にん　います。
　　1　25入　　　　　　2　25火　　　　　　3　25人　　　　　　4　25大

15 ここに　なまえを　かいてください。
　　1　名前　　　　　　2　各筋　　　　　　3　各前　　　　　　4　名筋

16 せんげつ　よっか　がっこうを　やすみました。
　　1　体みました　　　　　　　　　2　什みました
　　3　何みました　　　　　　　　　4　休みました

17 せんせいに　てがみを　かきました。
　　1　書きました　　　　　　　　　2　画きました
　　3　著きました　　　　　　　　　4　覚きました

18 きょうしつは　ちいさいですが、きれいです。
　　1　小さい　　　　　2　山さい　　　　　3　川さい　　　　　4　大さい

もんだい3 （　　　）に　なにを　いれますか。1・2・3・4から　いちばん　いい　ものを　ひとつ　えらんで　ください。

5分（1問30秒）

(れい) かんじを　たくさん　（　　　）。

1　おぼえました　　　　　　　　2　うたいました

3　しめました　　　　　　　　　4　はいりました

(かいとうようし) | (れい) | ● ② ③ ④ |

19 すみません、（　　　）を　けして　ください。

1　エアメール　　　　　　　　　2　エレベーター

3　エアコン　　　　　　　　　　4　エスカレーター

20 おおきな　こえで　（　　　）。

1　しめましょう　　　　　　　　2　まちましょう

3　たちましょう　　　　　　　　4　こたえましょう

21 つぎの　えきで　でんしゃを　（　　　）ください。

1　かりて　　　　2　おりて　　　　3　たって　　　　4　いって

22 スポーツの　なかで　やきゅうが　いちばん　（　　　）です。

1　しずか　　　　2　じょうぶ　　　3　べんり　　　　4　すき

23 ふうとうが　5（　　　）あります。

1　だい　　　　　2　まい　　　　　3　グラム　　　　4　かい

24 わたしの　となりの　（　　　）を　かけた　ひとは　すずきさんです。

   1　くつ　　　　　　2　かぎ　　　　　　3　めがね　　　　　4　でんわ

25 この　くすりは　あさごはんの　あとに（　　　）ください。

   1　のって　　　　　2　たべて　　　　　3　でかけて　　　　4　のんで

26 そとが　うるさいですから、（　　　）を　しめて　ください。

   1　みち　　　　　　2　まち　　　　　　3　はし　　　　　　4　まど

27 にがつ　ようかは　（　　　）です。

   1　げつようび

   2　かようび

   3　すいようび

   4　もくようび

2月						
日	月	火	水	木	金	土
	1	2	3	4	5	6
7	8	9	10	11	12	13
14	15	16	17	18	19	20
21	22	23	24	25	26	27
28						

28 いえの　（　　　）に　くるまが　とまっています。

   1　よこ

   2　まえ

   3　うしろ

   4　うえ

もんだい4 ＿＿＿の ぶんと だいたい おなじ いみの ぶんが あります。1・2・3・4から いちばん いい ものを ひとつ えらんで ください。

5分（1問60秒）

（れい） わたしの たんじょうびは 4がつ ついたちです。

1 4がつ ついたちに たいしかんに いきました。

2 4がつ ついたちに けっこんしました。

3 4がつ ついたちに うまれました。

4 4がつ ついたちに しごとを はじめました。

（かいとうようし） （れい） ① ② ④

---

29 くつしたを せんたくします。

1 くつしたを あらいます。

2 くつしたを きます。

3 くつしたを はきます。

4 くつしたを ならべます。

30 わたしは たなかさんに かさを かしました。

1 かさは たなかさんの ところに あります。

2 かさは わたしの ところに あります。

3 かさは としょかんに あります。

4 かさは せんせいの ところに あります。

31 さとうさんは　ＡＢＣでんきに　つとめています。

　1　さとうさんは　ＡＢＣでんきに　すんでいます。

　2　さとうさんは　ＡＢＣでんきで　はたらいています。

　3　さとうさんは　ＡＢＣでんきに　よく　いきます。

　4　さとうさんは　ＡＢＣでんきで　アルバイトを　して　います。

32 たなかさんの　おばあさんは　90さいです。

　1　たなかさんの　おとうさんか　おかあさんの　いもうとさんは
　　　90さいです。

　2　たなかさんの　おとうさんか　おかあさんの　おとうさんは
　　　90さいです。

　3　たなかさんの　おとうさんか　おかあさんの　おかあさんは
　　　90さいです。

　4　たなかさんの　おとうさんか　おかあさんの　おにいさんは
　　　90さいです。

33 けさ　ゆきが　ふりました。

　1　きのうの　よる　ゆきが　ふりました。

　2　きのうの　ひる　ゆきが　ふりました。

　3　きょうの　あさ　ゆきが　ふりました。

　4　きょうの　ひる　ゆきが　ふりました。

모의고사 제2회

N5

언어지식
(문법)

독해

50분

もんだい1 （　　）に 何_{なに}を 入れますか。1・2・3・4から いちばん いい ものを 一_{ひと}つ えらんで ください。

(れい) ここ （　　　） きょうしつです。

1 に　　　　　2 を　　　　　3 は　　　　　4 や

（かいとうようし）　| **(れい)** | ① ② ● ④ |

---

1 これ （　　　） リサさんの 本_{ほん}です。

1 で　　　　　2 を　　　　　3 に　　　　　4 は

2 木村_{きむら}「この りょうり、わたしが 作_{つく}りました。田中_{たなか}さん （　　　）
　　　食_たべて ください。」
　　田中_{たなか}「ありがとうございます。」

1 に　　　　　2 や　　　　　3 も　　　　　4 で

3 わたしたちは きのう 公園_{こうえん}（　　　） さんぽしました。

1 に　　　　　2 や　　　　　3 を　　　　　4 の

4 わたしは にほんごの じしょ（　　　） ほしいです。

1 が　　　　　2 を　　　　　3 の　　　　　4 に

5 きょうしつ（　　　） 学生_{がくせい}が 5人_{にん} います。

1 に　　　　　2 を　　　　　3 は　　　　　4 へ

48

6 じゅぎょうは　午後4時（　　　　）おわります。

　1　から　　　　　　2　まで　　　　　　3　に　　　　　　4　が

7 これは　日本（　　　　）ちずです。

　1　の　　　　　　　2　で　　　　　　　3　と　　　　　　4　か

8 ヤン「（　　　　）が　田中さんの　かばんですか。」

　田中「これです。」

　1　どこ　　　　　　2　何　　　　　　　3　どう　　　　　　4　どれ

9 （びじゅつかんで）

　「ここで　しゃしんを　（　　　　）ください。」

　1　とらなくて　　　　　　　　　2　とらないで

　3　とらなかって　　　　　　　　4　とっていなくて

10 A「よく　テレビを　見ますか。」

　B「いいえ。あまり（　　　　）。」

　1　見ます　　　　　　　　　　2　見ません

　3　見ました　　　　　　　　　4　見ませんでした

11 A「もう、　しゅくだいは　おわりましたか。」

　B「いいえ、まだ（　　　　）。」

　1　おわります　　　　　　　　2　おわりませんでした

　3　おわっています　　　　　　4　おわっていません

12 Ａ「すてきな　とけいですね。」

　　Ｂ「ありがとうございます。たんじょう日に　母に　（　　　　）。」

　　1　もらいました　　　　　　　　2　くれました

　　3　あげました　　　　　　　　　4　やりました

13 子どもが　ねていますから、（　　　）してください。

　　1　しずか　　　　2　しずかな　　　3　しずかに　　　4　しずかで

14 ごはんを　食べる（　　　　）、手を　あらいましょう。

　　1　の前に　　　　2　前に　　　　3　のあとで　　　4　あとで

15 けさは　時間が　ありませんでしたから、おべんとうを（　　　　）。

　　1　つくります　　　　　　　　　2　つくりましょう

　　3　つくりました　　　　　　　　4　つくりませんでした

16 青木「スーさん、明日　いっしょに　カラオケに（　　　　）。」

　　スー「いいですね。行きましょう。」

　　1　行きませんか　　　　　　　　2　行きませんでしたか

　　3　行っていませんか　　　　　　4　行きましたか

もんだい2 ___★___ に入る ものは どれですか。1・2・3・4から いちばん いい ものを 一つ えらんで ください。

(もんだいれい)

A「その ＿＿＿＿ ＿＿＿＿ ＿＿★＿＿ ＿＿＿＿ 買いましたか。」
B「大学の 本屋で 買いました。」

1 は 　　　2 本 　　　3 で 　　　4 どこ

(こたえかた)

1. ただしい 文を つくります。

A「その ＿＿＿＿ ＿＿＿＿ ＿＿★＿＿ ＿＿＿＿ 買いましたか。」
　　 2 本 　1 は 　4 どこ 　3 で
B「大学の 本屋で 買いました。」

2. ___★___ に 入る ばんごうを くろく ぬります。

(かいとうようし)　|(れい)| ① ② ③ ●|

17 (きょうしつで)

学生「先生、テストは ボールペンで 書きますか。」
先生「いいえ。＿＿＿＿ ＿＿＿＿ ＿＿★＿＿ ＿＿＿＿。」

1 書いて 　2 ください 　3 で 　4 えんぴつ

제**1**회

제**2**회

제**3**회

문자 • 어휘

문법

독해

청해

18 木村「田中さん ＿＿＿ ＿＿＿ ★ ＿＿＿ は　何だい

ありますか。」

田中「2だい　あります。」

1　に　　　　　2　の　　　　　3　パソコン　　4　家

19 田中「この　本は　どうでしたか。」

リサ「かんじ ＿＿＿ ＿＿＿ ★ ＿＿＿ 。」

1　わかりませんでした　　　　　2　むずかしくて

3　が　　　　　　　　　　　　　4　よく

20 （ホテルで）

高橋　　　　「この　近くに ＿＿＿ ＿＿＿ ★ ＿＿＿ あ

りませんか。」

ホテルの　人「ええ。駅の　前に　ありますよ。「フラワー」という

レストランです。」

1　おいしい　　　2　は　　　　　　3　レストラン　　4　やすくて

21 山田　　「カルロスさんの　国 ＿＿＿ ＿＿＿ ★ ＿＿＿

で　何時間　かかりますか。」

カルロス「8時間ぐらい　かかります。」

1　ひこうき　　　2　まで　　　　　3　から　　　　　4　日本

53

もんだい3 　22　から　26　に　何を　入れますか。ぶんしょうの　いみ
を　かんがえて、1・2・3・4から　いちばん　いい　ものを
一つ　えらんで　ください。

6分
(1問70秒)

　日本で　べんきょうして　いる　学生が　「せんしゅうの　にちよう日」
の　ぶんしょうを　書いて、クラスの　みんなの　前で　読みました。

(1) ワンさんの　ぶんしょう

　わたしは　せんしゅうの　にちよう日に　友だちと　スーパーへ　行
きました。その　スーパーは　とても　やすかったです。　みかんは
10こ　22　100円でした。わたしは、みかんや　たまごや　やさ
いを　かいました。　23　、家に　帰って、りょうりを　つくりました。
その　スーパーは、駅の　前に　あります。　みなさんも　ぜひ　行っ
てください。

(2) カルロスさんの　ぶんしょう

　先週の　にちよう日は　雨でしたから、どこへも　24　。家で
ひとりで　本を　よみました。それは　友だちが　25　本です。
とても　おもしろかったので、ぜんぶ　よみました。本を　読んで
から、ずっと　テレビを　見ましたが、つまらなかったです。
　来週の　にちよう日は、友だちと　26　行きたいです。

제1회
제2회
제3회

22

1　は　　　　　　2　で　　　　　　3　に　　　　　　4　の

23

1　でも　　　　　2　それから　　　3　それに　　　　4　では

24

1　行きます　　　　　　　　　　2　行きません
3　行きました　　　　　　　　　4　行きませんでした

25

1　あげました　　　　　　　　　2　くれました
3　あげた　　　　　　　　　　　4　くれた

26

1　あそんで　　　　　　　　　　2　あそばないで
3　あそびに　　　　　　　　　　4　あそんでから

문자·어휘
문법
독해
청해

もんだい4　つぎの　(1)から　(3)の　ぶんしょうを　読んで、しつもんに　こたえて　ください。こたえは、1・2・3・4から　いちばん　いい　ものを　一つ　えらんで　ください。

(1)

　わたしは　来週、りょうしんと　3人で　大阪へ　行きます。4月から　弟が　大阪に　住んでいますから、会いに　行きます。弟は　そうじが　きらいですから、へやは　たぶん　きたないでしょう。

27　「わたし」は　来週、何を　しますか。

1　弟と　大阪に　行きます。

2　弟の　へやを　そうじします。

3　りょうしんと　大阪に　行きます。

4　りょうしんと　いっしょに　住みます。

(2)

　きのう　母と　デパートに　行きました。母は　黒い　くつを　買い
ました。わたしはいつも　ズボンを　はきますが、かわいい　スカート
を　買いました。シャツも　買いましたが、ちょっと　大きかったです。

28　「わたし」は、何を買いましたか。

1　

2　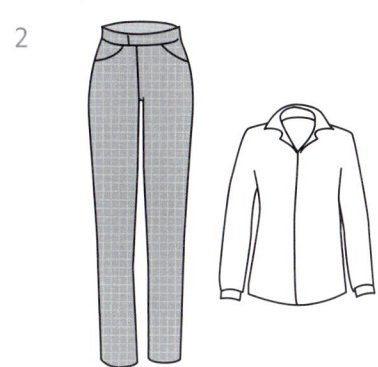

3　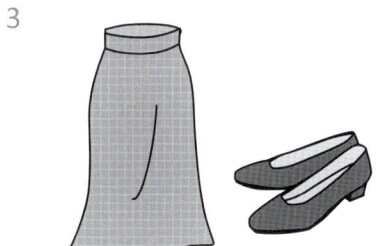

4　

(3)

さくらさんは　あきこさんに　メールを　送りました。

明日の　パーティー

あきこさんへ
おはしや　紙の　コップは、きのう　買いました。ジュースと
お茶は　これから　買いに　行きます。明日の　朝、わたしと
さくらさんは　ケーキを　作りますから、あきこさんは　お花
を　買ってきて　ください。12時までに　来て　ください。

さくら

---

29 いつ　飲み物を　買いに　行きますか。

1　きのう
2　今日
3　明日の　朝
4　明日の　昼

もんだい5 つぎの ぶんしょうを 読んで、しつもんに こたえて ください。こたえは、1・2・3・4から いちばん いいものを 一つ えらんで ください。

12分

　先週の　日曜日、田中さんの　家に　あそびに　行きました。そして、お昼に　いっしょに　ベトナムりょうりを　作りました。田中さんは、昔　ベトナムに　住んでいた　ことが　ありますから、<u>ベトナムりょうりを　作る　ことが　できます</u>。私は、ベトナムりょうりは　好きですが、作る　ことは　できませんから、田中さんに　ならいました。田中さんは「久しぶりに　作りました」と　言いましたが、とても　上手でした。おいしかったです。来週の　31日は　母の　たんじょう日です。母は　外国の　りょうりが　好きですから、今年は　ベトナムりょうりを　作ります。また、母は　りょこうが　大好きですから、来年は　いっしょに　ベトナムに　りょこうに　行きたいです。

30 田中さんは どうして ベトナムりょうりを 作る ことが でき

ますか。

1 ベトナムに りょこうに行った から

2 ベトナムに 住んでいたから

3 レストランで はたらいていた から

4 毎日 作るから

31 「わたし」は 来週 どう しますか。

1 田中さんの 家に 行きます。

2 ベトナムに りょこうに 行きます。

3 ベトナムりょうりの レストランに 行きます。

4 家ぞくに ベトナムりょうりを 作ります。

もんだい6 右の ページを 見て、下の しつもんに こたえて ください。
こたえは、1・2・3・4から いちばん いい ものを 一つ
えらんで ください。

6
分

32 スポーツクラブに しゅう 2回 行きたいです。しごとは げつよ
う日から きんよう日までの 朝10時から ゆうがた6時半までで
す。かいしゃから スポーツクラブまで 15分かかります。どよう
日は えの きょうしつが ありますから、だめです。どの スポー
ツをしますか。

1 すいえい

2 テニス

3 ダンス

4 ゴルフ

ふじスポーツクラブ

いっしょに　スポーツを　しませんか！

※ よるの　時間も　ありますから、しごとが　おわった　あとでも
だいじょうぶです。

●4月からの　よるの　レッスン（1回＝2時間）

すいえい	火・木	午後7：00〜午後9：00
テニス	月・水・金	午後6：30〜午後8：30
ダンス	月・金	午後6：00〜午後8：00
ゴルフ	土	午後8：00〜午後10：00

◎好きな　スポーツ、したい　スポーツを　えらんで、お電話く
ださい！

TEL：012－345－6789

모의고사 제2회

N5

청해

もんだい 1

もんだい 1 では、はじめに　しつもんを　きいて　ください。それから　はなしを　きいて、もんだいようしの　 1 から 4 の　なかから、いちばん　いい　ものを　ひとつ　えらんで　ください。

れい

1ばん

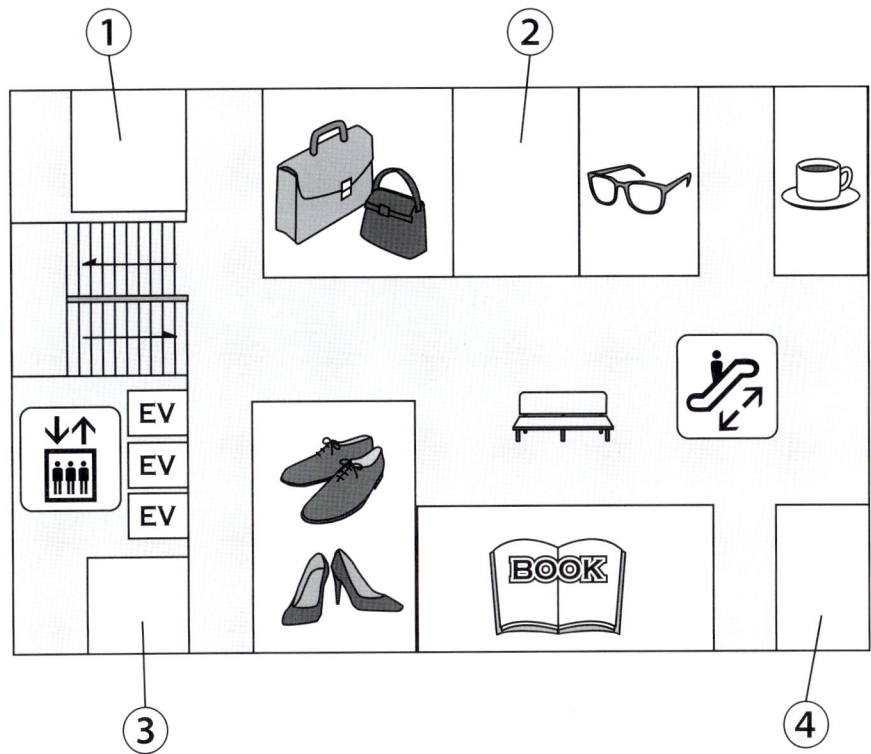

2ばん

1　1ページ

2　2ページ

3　3ページ

4　4ページ

3ばん

4ばん

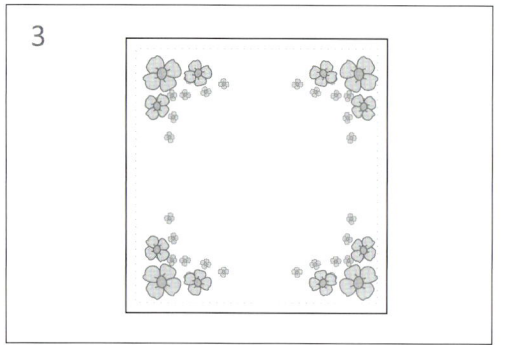

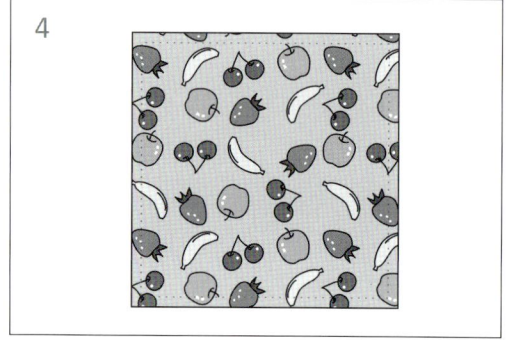

5ばん

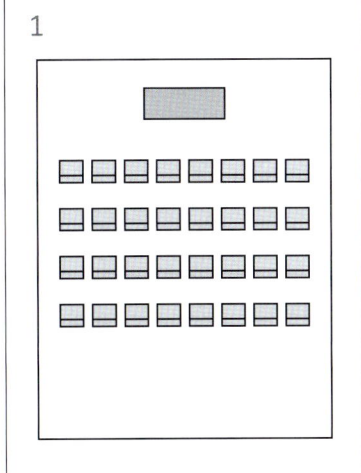

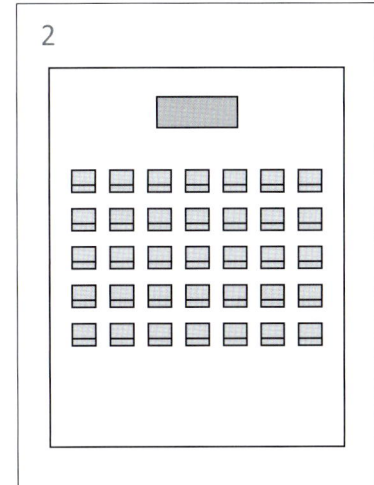

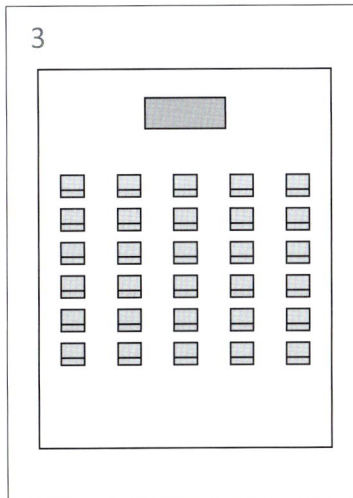

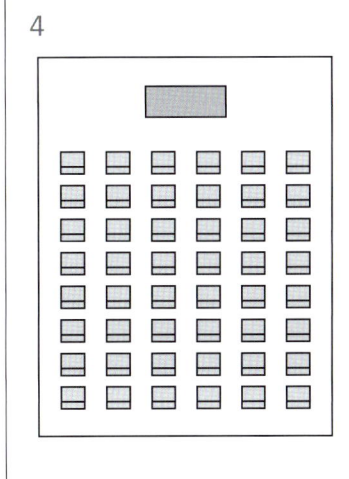

모의고사 **제2회**

6ばん

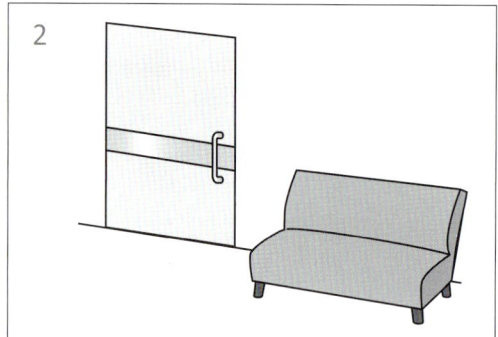

7ばん

1　9じ　はん　ごろ

2　10じ　ごろ

3　11じ　ごろ

4　11じ　はん　ごろ

もんだい2 🎧 11~18 2회

もんだい2では、はじめに しつもんを きいて ください。それから はなしを きいて、もんだいようしの 1から4の なかから、いちばん いい ものを ひとつ えらんで ください。

れい

1 ふつか

2 みっか

3 よっか

4 いつか

1ばん

1 1がつ 4か

2 4がつ 11にち

3 7がつ 4か

4 11がつ 11にち

2ばん

1 しょくどう

2 きょうしつ

3 みせ

4 こうえん

3ばん

1 ぶたにくの りょうり

2 ぎゅうにくの りょうり

3 とりにくの りょうり

4 さかなの りょうり

4ばん

1 ひとり

2 ふたり

3 さんにん

4 よにん

5ばん

1 えいがかん

2 びょういん

3 ゆうびんきょく

4 としょかん

6ばん

1 ジュース

2 コーヒー

3 おちゃ

4 こうちゃ

もんだい３

もんだい３では、えを　みながら　しつもんを　きいて　ください。
➡(やじるし)の　ひとは　なんと　いいますか。１から３の　なかから、
いちばん　いい　ものを　ひとつ　えらんで　ください。

れい

１ばん

2ばん

3ばん

4ばん

5ばん

もんだい４

もんだい４では、えなどが　ありません。ぶんを　きいて、１から３の
なかから、いちばん　いい　ものを　ひとつ　えらんで　ください。

― メモ ―

모의고사 제3회

N5

언어지식
(문자·어휘)

もんだい1 ＿＿＿の ことばは ひらがなで どう かきますか。

1・2・3・4から いちばん いい ものを ひとつ えらん
で ください。

(れい) 教室に 学生が 3にん います。

  1 きょうしつ   2 きょしつ   3 きしつ   4 きょうしっつ

   (かいとうようし) | **(れい)** ● ② ③ ④ |

---

1 10年まえに にほんへ きました。

  1 じゅうねん   2 じゅねん   3 じゅっねん   4 じゅうね

2 えんぴつの 先を ほそく します。

  1 せん   2 さき   3 かど   4 うえ

3 茶色の くつを かいました。

  1 じゃいろ   2 ちゃっいろ

  3 じゃっいろ   4 ちゃいろ

4 毎日 にほんごを べんきょうしています。

  1 まえにち   2 まいじつ   3 まいりち   4 まいにち

5 白い くつしたを かいました。

  1 あおい   2 くろい   3 しろい   4 あかい

6 これは　大切な　ものです。
  1　だいせつ　　　　　　　　　　2　だいせっつ
  3　たいせつ　　　　　　　　　　4　たいせっつ

7 この喫茶店で　よく　コーヒーを　のみます。
  1　きさてん　　　2　きちゃてん　　　3　きっさてん　　　4　きっさでん

8 つくえの　うえに　鉛筆が　ごほん　あります。
  1　えむひつ　　　2　えんぴつ　　　3　えむびつ　　　4　えんびつ

9 わたしの　へやは　明るいです。
  1　あがるい　　　2　あっかるい　　　3　あかるっい　　　4　あかるい

10 上着を　ぬぎました。
  1　うえき　　　　2　うえぎ　　　　3　うわき　　　　4　うわぎ

⏳ **もんだい2** _____の ことばは どう かきますか。1・2・3・4から
4分（1問30秒） いちばん いい ものを ひとつ えらんで ください。

(れい) なつやすみは くにに かえります。

   1　固　　　　　　　2　国　　　　　　　3　図　　　　　　　4　囲

     (かいとうようし)　| (れい) | ① ● ③ ④ |

---

11 たくしーに のって かえりました。
   1　クタシー　　　2　タクソー　　　3　クタンー　　　4　タクシー

12 まいばん テレビを みます。
   1　目ます　　　　2　見ます　　　　3　先ます　　　　4　聞ます

13 この パンは いっこ ひゃくえんです。
   1　百　　　　　　　2　白　　　　　　　3　日　　　　　　　4　自

14 これから がっこうへ いきます。
   1　往きます　　　2　征きます　　　3　行きます　　　4　従きます

15 ながいじかん バスに のりました。
   1　長い　　　　　2　中い　　　　　3　広い　　　　　4　遠い

16 きょうは てんきが いいです。
   1　空気　　　　　2　天気　　　　　3　天気　　　　　4　大気

17 かようびは　休みです。

1　水　　　　　　2　木　　　　　　3　大　　　　　　4　火

18 くにの　ははに　でんわを　かけました。

1　母　　　　　　2　父　　　　　　3　毎　　　　　　4　田

もんだい3 （　　　）に　なにを　いれますか。1・2・3・4から　いち
ばん　いい　ものを　ひとつ　えらんで　ください。

(れい) かんじを　たくさん　（　　　）。

1　おぼえました　　　　　　　　2　うたいました

3　しめました　　　　　　　　　4　はいりました

（かいとうようし）　| (れい) | ● ② ③ ④ |

19　きれいな　（　　　）を　かいました。

1　プール　　　　　2　ハンカチ　　　　3　スピーチ　　　　4　トイレ

20　まっすぐ　いって、はしを　（　　　）。

1　いきます　　　　　　　　　　2　わたります

3　わかります　　　　　　　　　4　ならびます

21　ふうとうに　きってを　（　　　）　ください。

1　はって　　　　　2　きって　　　　3　とって　　　　4　やって

22　すずきさんの　いえの　いぬは　とても　（　　　）です。

1　からい　　　　2　あたらしい　　　3　かわいい　　　4　うすい

23　とりにくを　500（　　　）かいました。

1　だい　　　　　2　メートル　　　　3　グラム　　　　4　ページ

24 みちが わからないときは（　　　）で ききましょう。

1 こうばん

2 としょかん

3 だいどころ

4 おてあらい

25 あなたの でんわばんごうを（　　　）ください。

1 はなして　　　2 おきて　　　3 おしえて　　　4 とんで

26 みんな（　　　）を さして います。

1 スカート　　2 かさ　　　　3 コート　　　　4 ぼうし

27 まいあさ ぎゅうにゅうを のんで パンを（　　　）たべます。

1 いっぽん

2 にほん

3 ひとつ

4 ふたつ

28 やまだせんせいは たなかさんの（　　　）に います。

1 となり

2 まえ

3 よこ

4 うしろ

やまだせんせい

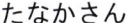
たなかさん　　さとうさん

もんだい4 ＿＿＿の ぶんと だいたい おなじ いみの ぶんが あり
ます。1・2・3・4から いちばん いい ものを ひとつ
えらんで ください。

(れい) わたしの たんじょうびは 4がつついたちです。

 1 4がつついたちに たいしかんに いきました。

 2 4がつついたちに けっこんしました。

 3 4がつついたちに うまれました。

 4 4がつついたちに しごとを はじめました。

 （かいとうようし） | (れい) | ① ② ● ④ |

---

29 あまい おかしは きらいです。

 1 あまい おかしは きれいです。

 2 あまい おかしは すきです。

 3 あまい おかしは きれいではありません。

 4 あまい おかしは すきではありません。

30 おととい がっこうを やすみました。

 1 ふつかまえ がっこうを やすみました。

 2 みっかまえ がっこうを やすみました。

 3 よっかまえ がっこうを やすみました。

 4 いつかまえ がっこうを やすみました。

31 ほっかいどうの　おばさんは、ちちの　3つ　うえです。

　　1　ほっかいどうの　おばさんは　ちちの　あにです。

　　2　ほっかいどうの　おばさんは　ちちの　あねです。

　　3　ほっかいどうの　おばさんは　ちちの　おとうとです。

　　4　ほっかいどうの　おばさんは　ちちの　いもうとです。

32 この　ケーキは　まずいです。

　　1　この　ケーキは　あまくないです。

　　2　この　ケーキは　たかくないです。

　　3　この　ケーキは　やすくないです。

　　4　この　ケーキは　おいしくないです。

33 さとうを　ちょっと　いれてください。

　　1　さとうを　たくさん　いれてください。

　　2　さとうを　すぐに　いれてください。

　　3　さとうを　もういっぱい　いれてください。

　　4　さとうを　すこし　いれてください。

모의고사 제3회

N5

언어지식
(문법)

독해

50분

もんだい1 （　　）に 何を 入れますか。1・2・3・4から いちばん
いい ものを 一つ えらんで ください。

（れい） ここ （　　） きょうしつです。

1 に　　　　2 を　　　　3 は　　　　4 や

（かいとうようし）　| **（れい）** | ① ② ● ④ |

---

1 ここは 田中さん（　　　）うちです。

1 の　　　　2 に　　　　3 を　　　　4 へ

2 わたしは 毎日 ひとり（　　　）ごはんを たべます。

1 と　　　　2 で　　　　3 を　　　　4 が

3 東京まで バス（　　　）行きます。

1 を　　　　2 に　　　　3 て　　　　4 で

4 A「すみません。トイレ（　　　）どこに ありますか。」
　　B「あそこです。」

1 は　　　　2 と　　　　3 に　　　　4 へ

5 いえの 前（　　　）家ぞくと しゃしんを とりました。

1 に　　　　2 が　　　　3 へ　　　　4 で

6 のどが かわきましたから、水が （　　　）。

1　のみます　　　　　　　　　2　のみました

3　のみたいです　　　　　　　4　のまないです

7 A「うち から 会社 まで （　　　） かかりますか。」

B「30分 かかります。」

1　どのくらい　　　2　どう　　　　　3　いつ　　　　　4　いくら

8 父は 毎朝 コーヒーを （　　　） ながら、新聞を 読みます。

1　のむ　　　　　2　のみ　　　　　3　のんで　　　　4　のまない

9 （きょうしつで）

先生「こたえが （　　　） ときは、わたしに 聞いて ください。」

学生「はい。」

1　わかったの　　　　2　わかって

3　わかりません　　　　4　わからない

10 これは わたしが きのう （　　　） くつです。

1　買います　　　2　買う　　　3　買いました　　4　買った

11 きのうは あめでしたから、どこへも （　　　）。

1　行きました　　　　　　　　2　行きませんでした

3　来ました　　　　　　　　　4　来ませんでした

12 わたしは くだものが 好きです。りんごや みかん（　　）を よ
　　く 食べます。

　　1　も　　　　　　　2　など　　　　　　3　と　　　　　　　4　ぐらい

13 よく きこえませんから、ラジオの おとを おおきく（　　　）。

　　1　しました　　　2　なりました　　　3　ありました　　　4　おきました

14 A「きのうの ばん から ずっと 雨が（　　　）ね。」
　　B「ええ。そとへ 出ることが できませんね。」

　　1　ふります　　　　　　　　　　　2　ふっています

　　3　ふりませんでした　　　　　　　4　ふりましょう

15 木村「田中さん、（　　　）は キムさんです。」
　　キム「はじめまして。キムです。」
　　田中「田中です。どうぞ よろしく。」

　　1　これ　　　　　　2　こちら　　　　3　この　　　　　　4　ここ

16 A「すみませんが、 ちょっと てつだって くださいませんか。」
　　B「（　　　）。」

　　1　ありがとうございます　　　　　2　ええ、いいですよ

　　3　いいえ、けっこうです　　　　　4　どうも

90

もんだい2 ____★____ に入る ものは どれですか。1・2・3・4から い
ちばん いい ものを 一つ えらんで ください。

（もんだいれい）

A「その ＿＿＿＿ ＿＿＿＿ ＿★＿＿ ＿＿＿＿ 買いましたか。」
B「大学の 本屋で 買いました。」

　　1 は　　　　　2 本　　　　　3 で　　　　　4 どこ

（こたえかた）

1. ただしい 文を つくります。

　　A「その ＿＿＿＿ ＿＿＿＿ ＿★＿＿ ＿＿＿＿ 買いましたか。」
　　　 2 本　　1 は　　4 どこ　　3 で
　　B「大学の 本屋で 買いました。」

2. ＿★＿に 入る ばんごうを くろく ぬります。

　　（かいとうようし）　│（れい）│ ① ② ③ ● │

17 （学校で）
　　先生「田中さんは まだ ＿＿＿＿ ＿＿＿＿ ＿★＿＿ ＿＿＿＿。」
　　学生「いいえ、もう 帰りました。」

　　1 に　　　　　2 います　　　3 きょうしつ　　4 か

18 (お店で)

石川　　　「この　くつは　ちょっと　大きいです。＿＿＿＿　＿＿＿＿
　　　　　　＿★＿　＿＿＿＿　ありませんか。」

店の　人　「では、こちらは　いかがでしょうか。」

1　は　　　　　　　2　小さい　　　　　3　もう少し　　　4　の

19　A「今日　＿＿＿＿　＿＿＿＿　＿★＿　＿＿＿＿　おわりましたか。」

　　B「いいえ、まだです。」

1　しゅくだい　　2　の　　　　　　3　もう　　　　　4　は

20　A「スポーツ　＿＿＿＿　＿＿＿＿　＿★＿　＿＿＿＿　が　いちばん

　　　好きですか。

　　B「サッカーが　いちばん　好きです。」

1　中　　　　　　2　で　　　　　　3　の　　　　　4　何

21　田中「リサさんは　＿＿＿＿　＿＿＿＿　＿★＿　＿＿＿＿、どう

　　　　　しますか。」

　　リサ「じしょで　しらべます。」

1　ことば　　　　2　わからない　　3　が　　　　　4　時

もんだい3 　　22　から　26　に　何を　入れますか。ぶんしょうの　いみ
を　かんがえて、1・2・3・4から　いちばん　いい　ものを
一つ　えらんで　ください。

6分（1問70秒）

　日本で　べんきょうして　いる　学生が　「プレゼント」の　ぶんしょう
を　書いて、クラスの　みんなの　前で　読みました。

(1)　ユリさんの　ぶんしょう

　わたしが　10さいに　なったとき、母　22　の　たんじょう日
プレゼントは　一さつの　本でした。とても　おもしろい　本で、
すぐに　23　読んで、それから、また　はじめから　読みました。
私は　ねる　24　、よく　その　本を　読みました。その　本は
今も　私の　へやに　あり、ときどき　読みます。

(2)　サムさんの　ぶんしょう

　きょねんの　たんじょう日に　つまが　ネクタイを　25　。青い
ネクタイです。わたしは　ときどき　その　ネクタイを　して　会
社に　行きます。この間　会社の　人が　「いい　ネクタイですね」
と　言いました。わたしは　とても　うれしかったです。来月は
つまの　たんじょう日です。つまの　たんじょう日に　わたしも
いい　プレゼントを　26　。

22

1 と　　　　　　2 へ　　　　　　3 から　　　　　4 まで

23

1 少<small>すこ</small>し　　　　2 ちょっと　　3 ひとつ　　　4 ぜんぶ

24

1 まえに　　　　2 あとで　　　3 から　　　　4 あいだ

25

1 あげました　　　　　　　2 くれました

3 もらいました　　　　　　4 やりました

26

1 あげました　　　　　　　2 もらってください

3 もらいたい　　　　　　　4 あげたいです

もんだい4 つぎの (1)から (3)の ぶんしょうを 読んで、しつもんに こ
たえて ください。こたえは、1・2・3・4から いちばん い
い ものを 一つ えらんで ください。

(1)

　わたしは 毎日 しごとが いそがしくて、おそく かえりますから、
休みの 日に よく そうじや せんたくを します。でも、ほんとうは
友だちと えいがを 見に行ったり、しょくじに 行ったり したいで
す。

27 「わたし」は 日よう日に よく 何を しますか。

1 しごとに 行きます。

2 友だちと えいがを 見ます。

3 食べに 行きます。

4 そうじを します。

(2)

　この　しゃしんの　いちばん　右に　いる　人は　わたしの　あにで
す。あにの　となりに　おとうとが　います。わたしの　となりには
ははが　います。ははの　となりに　いる　人が　ちちです。

28　しゃしんは　どれですか。

1

2

3

4

(3)

川島さんの 机の 上に、田中さん からの メモが あります。

　　川島さん

　　ふじ電気の 林さんから 11時に 電話が
ありました。
「今日は これから ずっと かいぎですから、
電話が できません。
メールを 送りますから、あとで 読んで
ください。」と 言っていました。

　　　　　　　　　　　　　　　　　　　　田中

---

29 川島さんは メモを 読んだあと、どう しますか。

1 ふじ電気へ 行きます。

2 林さんに 電話を します。

3 田中さんに メールを 書きます。

4 林さんからの メールを 読みます。

もんだい5 つぎの ぶんしょうを 読んで、しつもんに こたえて くだ
さい。こたえは、1・2・3・4から いちばん いいものを
一つ えらんで ください。

12分

　わたしの　いちばんの　友だちは　青木さんです。大学の　パー
ティーで、はじめて　あいました。青木さんと　わたしは　たんじょう
日が　おなじで、すんでいる　ところも　ちかいですから、すぐ　友だ
ちに　なりました。

　わたしも　青木さんも　うたを　うたうのが　すきです。ときどき
二人で　カラオケに　行きます。わたしは　英語の　うたしか　しりま
せんが、青木さんは　日本語の　うたと　英語の　うたと　両方　うた
います。英語の　うたは　とても　上手です。わたしも　日本語の　う
たを　うたいたいですから、今　青木さんに　CDを　かりて、おぼえ
ています。

　青木さんは　来月から　一年間、アメリカへ　英語の　べんきょうに
行きます。英語の　先生に　なりたいと　言っていました。わたしは
日本に　いますから、ちょっと　さびしいです。ときどき　メールを
書いて　くださいと　言いました。

30 わたしと 青木さんは 何が 同じですか。

　1　大学の　クラス

　2　すきな　うた

　3　うまれた　日

　4　すんでいる　アパート

31 青木さんは 何が 上手ですか。

　1　英語を　話す　こと

　2　英語の　うたを　うたう　こと

　3　英語を　教える　こと

　4　英語を　書く　こと

⏳6分 **もんだい6** 右の ページを 見て、下の しつもんに こたえて ください。
こたえは、1・2・3・4から いちばん いい ものを 一つ
えらんで ください。

32 ワンさんは 明日 原さんと えいがを 見に 行きます。ワンさん
は お昼まで じゅぎょうが あります。原さんは じゅぎょうが
ありませんが、午後4時から 午後9時まで アルバイトが あり
ます。学校から えいがかんまで じてんしゃで 20分 くらいで、
えいがかんから アルバイトの 店まで じてんしゃで 15分 く
らいです。

二人は どの えいがを 見ますか。
1 東京 25時
2 おんがくの 森
3 海の 上の レストラン
4 赤い くつ

えいがの時間

東京 25 時	9:50 〜 11:45	12:05 〜 14:25		
おんがくの森	17:20 〜 18:55	19:30 〜 21:05		
海の上の レストラン	10:00 〜 12:00	14:00 〜 16:00	18:00 〜 20:00	
赤いくつ	9:30 〜 11:05	11:30 〜 13:05	13:40 〜 15:15	15:50 〜 17:25

모의고사 제3회

N5

청해

30분

もんだい1

　もんだい1では、はじめに　しつもんを　きいて　ください。それから
はなしを　きいて、もんだいようしの　1から4の　なかから、いちばん
いい　ものを　ひとつ　えらんで　ください。

れい

1ばん

2ばん

1 12じ

2 12じ　はん

3 1じ　はん

4 2じ

3 ばん

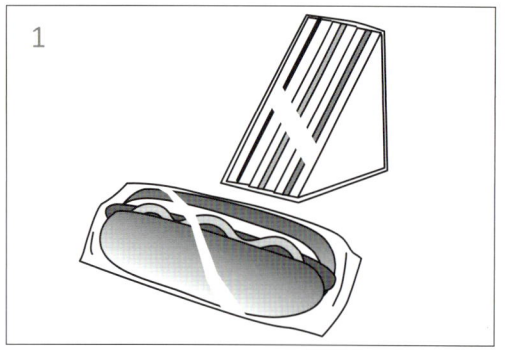

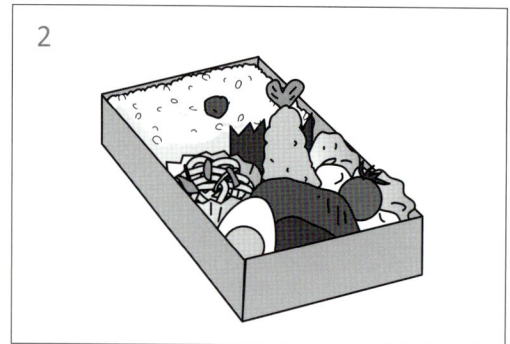

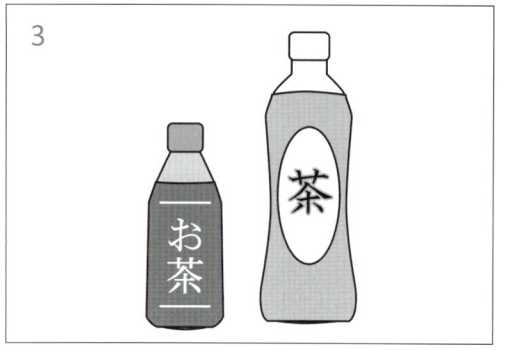

4 ばん

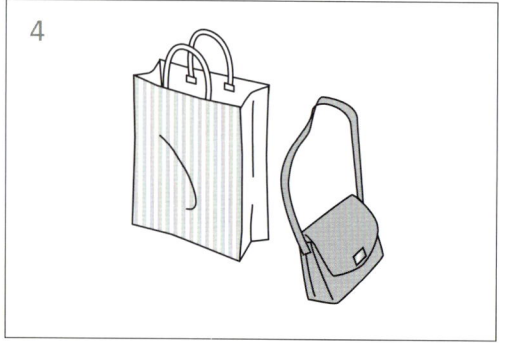

5ばん

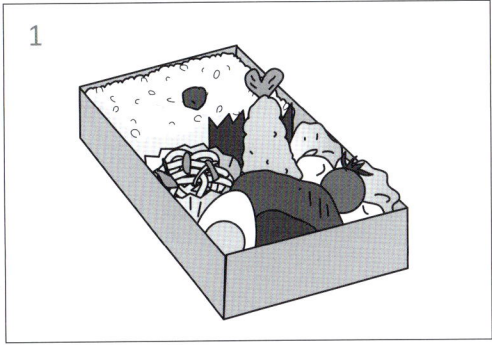

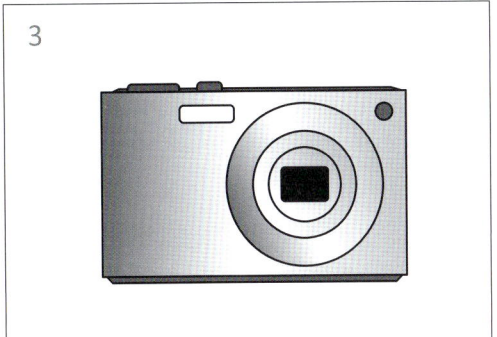

6ばん

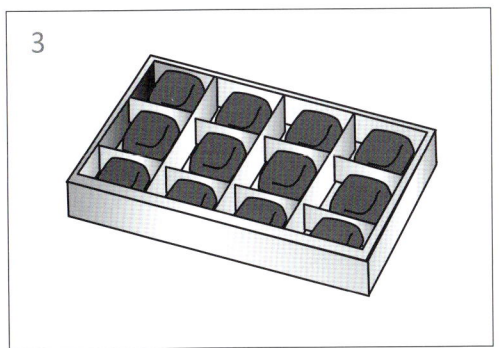

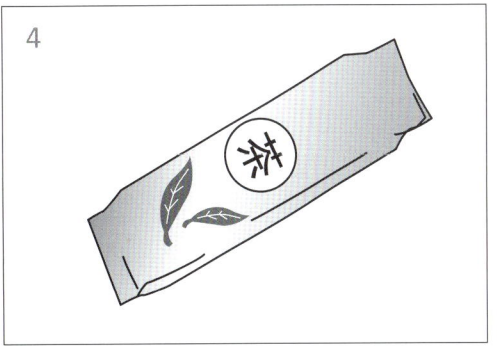

7ばん

1　バスで　いきます。

2　でんしゃで　いきます。

3　じてんしゃで　いきます。

4　あるいて　いきます。

もんだい 2 🎧11~18 3회

　もんだい2では、はじめに　しつもんを　きいて　ください。それから
はなしを　きいて、もんだいようしの　1から4の　なかから、いちばん
いい　ものを　ひとつ　えらんで　ください。

れい

1　ふつか

2　みっか

3　よっか

4　いつか

1ばん

1　5ふん

2　10ぷん

3　15ふん

4　30ぷん

2ばん

1　ぼうし

2　ネクタイ

3　ペン

4　はな

3ばん

1 げつようびと　すいようびと　どようびと　にちようび

2 げつようびと　すいようびと　どようび

3 げつようびと　すいようび

4 どようびと　にちようび

4ばん

1 あね

2 いもうと

3 おとうと

4 はは

5ばん

1 こんしゅうの　かようびの　ごぜん

2 こんしゅうの　もくようびの　ごご

3 らいしゅうの　かようびの　ごぜん

4 らいしゅうの　もくようびの　ごご

6ばん

1 サッカー

2 やきゅう

3 すいえい

4 ジョギング

もんだい３

もんだい３では、えを　みながら　しつもんを　きいて　ください。
➡(やじるし)の　ひとは　なんと　いいますか。１から３の　なかから、
いちばん　いい　ものを　ひとつ　えらんで　ください。

れい

1ばん

2ばん

3ばん

4ばん

5ばん

제1회

제2회

제3회

문자·어휘

문법

독해

청해

もんだい４

もんだい４では、えなどが　ありません。ぶんを　きいて、１から３の
なかから、いちばん　いい　ものを　ひとつ　えらんで　ください。

― メモ ―

중 | 한일온라인 일본어능력시험 모의고사 N5 かいとうようし

第1回 げんごちしき (もじ・ごい)

なまえ
Name

〈ちゅうい Notes〉

1. くろいえんぴつ(HB、No.2)でかいてください。
   (ペンやボールペンではかかないでください)
   Use a black medium soft (HB or No.2) pencil.
   (Do not use any kind of pen.)

2. かきなおすときは、けしゴムできれいにけして
   ください。
   Erase any unintended marks completely.

3. きたなくしたり、おったりしないでください。
   Do not soil or bend this sheet.

4. マークれい Marking examples

よいれい Correct Example	わるいれい Incorrect Examples
●	⊘ ⊖ ○ ⊗ ⦿ ⊙

もんだい 1

1	①	②	③	④
2	①	②	③	④
3	①	②	③	④
4	①	②	③	④
5	①	②	③	④
6	①	②	③	④
7	①	②	③	④
8	①	②	③	④
9	①	②	③	④
10	①	②	③	④

もんだい 2

11	①	②	③	④
12	①	②	③	④
13	①	②	③	④
14	①	②	③	④
15	①	②	③	④
16	①	②	③	④
17	①	②	③	④
18	①	②	③	④

もんだい 3

19	①	②	③	④
20	①	②	③	④
21	①	②	③	④
22	①	②	③	④
23	①	②	③	④
24	①	②	③	④
25	①	②	③	④
26	①	②	③	④
27	①	②	③	④
28	①	②	③	④

もんだい 4

29	①	②	③	④
30	①	②	③	④
31	①	②	③	④
32	①	②	③	④
33	①	②	③	④

第 1 回 げんごちしき (ぶんぽう)・どっかい

なまえ
Name

〈 ちゅうい Notes 〉

1. くろいえんぴつ (HB、No.2) でかいてください。
   (ペンやボールペンではかかないでください)
   Use a black medium soft (HB or No.2) pencil.
   (Do not use any kind of pen.)

2. かきなおすときは、けしゴムできれいにけして
   ください。
   Erase any unintended marks completely.

3. きたなくしたり、おったりしないでください。
   Do not soil or bend this sheet.

4. マークれい Marking examples

よいれい Correct Example	わるいれい Incorrect Examples
●	⊘ ◌ ◑ ⊗ ⊙ ○

もんだい 1

1	①	②	③	④
2	①	②	③	④
3	①	②	③	④
4	①	②	③	④
5	①	②	③	④
6	①	②	③	④
7	①	②	③	④
8	①	②	③	④
9	①	②	③	④
10	①	②	③	④
11	①	②	③	④
12	①	②	③	④
13	①	②	③	④
14	①	②	③	④
15	①	②	③	④
16	①	②	③	④

もんだい 2

17	①	②	③	④
18	①	②	③	④
19	①	②	③	④
20	①	②	③	④
21	①	②	③	④

もんだい 3

22	①	②	③	④
23	①	②	③	④
24	①	②	③	④
25	①	②	③	④
26	①	②	③	④

もんだい 4

27	①	②	③	④
28	①	②	③	④
29	①	②	③	④

もんだい 5

30	①	②	③	④
31	①	②	③	④

もんだい 6

32	①	②	③	④

なまえ
Name

〈ちゅうい　Notes〉

1. くろいえんぴつ(HB, No.2)でかいてください。
（ペンやボールペンではかかないでください）
Use a black medium soft (HB or No.2) pencil.
(Do not use any kind of pen.)

2. かきなおすときは、けしゴムできれいにけして ください。
Erase any unintended marks completely.

3. きたなくしたり、おったりしないでください。
Do not soil or bend this sheet.

4. マークれい　Marking examples

よいれい Correct Example	わるいれい Incorrect Examples
●	○ ⊘ ◯ ◑ ⊖ ⊗ ◐

もんだい 1

	1	2	3	4
れい	①	●	③	④
1	①	②	③	④
2	①	②	③	④
3	①	②	③	④
4	①	②	③	④
5	①	②	③	④
6	①	②	③	④
7	①	②	③	④

もんだい 2

	1	2	3	4
れい	●	②	③	④
1	①	②	③	④
2	①	②	③	④
3	①	②	③	④
4	①	②	③	④
5	①	②	③	④
6	①	②	③	④

もんだい 3

	1	2	3
れい	①	●	③
1	①	②	③
2	①	②	③
3	①	②	③
4	①	②	③
5	①	②	③

もんだい 4

	1	2	3
れい	●	②	③
1	①	②	③
2	①	②	③
3	①	②	③
4	①	②	③
5	①	②	③
6	①	②	③

맛! 한권 일본어능력시험 모의고사 N5 かいとうようし

第2回 げんごちしき (もじ・ごい)

なまえ
Name

〈ちゅうい Notes〉

1. くろいえんぴつ(HB, No.2) でかいてください。
   (ペンやボールペンではかかないでください)
   Use a black medium soft (HB or No.2) pencil.
   (Do not use any kind of pen.)

2. かきなおすときは、けしゴムできれいにけしてください。
   Erase any unintended marks completely.

3. きたなくしたり、おったりしないでください。
   Do not soil or bend this sheet.

4. マークれい Marking examples

よいれい Correct Example	わるいれい Incorrect Examples
●	⊘ ◯ ◑ ⊙ ◐ ⦸

もんだい 1

1	①	②	③	④
2	①	②	③	④
3	①	②	③	④
4	①	②	③	④
5	①	②	③	④
6	①	②	③	④
7	①	②	③	④
8	①	②	③	④
9	①	②	③	④
10	①	②	③	④

もんだい 2

11	①	②	③	④
12	①	②	③	④
13	①	②	③	④
14	①	②	③	④
15	①	②	③	④
16	①	②	③	④
17	①	②	③	④
18	①	②	③	④

もんだい 3

19	①	②	③	④
20	①	②	③	④
21	①	②	③	④
22	①	②	③	④
23	①	②	③	④
24	①	②	③	④
25	①	②	③	④
26	①	②	③	④
27	①	②	③	④
28	①	②	③	④

もんだい 4

29	①	②	③	④
30	①	②	③	④
31	①	②	③	④
32	①	②	③	④
33	①	②	③	④

막! 한권 일본어능력시험 모의고사 N5 かいとうようし

第2回　げんごちしき (ぶんぽう)・どっかい

なまえ
Name

もんだい　1

1	①	②	③	④
2	①	②	③	④
3	①	②	③	④
4	①	②	③	④
5	①	②	③	④
6	①	②	③	④
7	①	②	③	④
8	①	②	③	④
9	①	②	③	④
10	①	②	③	④
11	①	②	③	④
12	①	②	③	④
13	①	②	③	④
14	①	②	③	④
15	①	②	③	④
16	①	②	③	④

もんだい　2

17	①	②	③	④
18	①	②	③	④
19	①	②	③	④
20	①	②	③	④
21	①	②	③	④

もんだい　3

22	①	②	③	④
23	①	②	③	④
24	①	②	③	④
25	①	②	③	④
26	①	②	③	④

もんだい　4

27	①	②	③	④
28	①	②	③	④
29	①	②	③	④

もんだい　5

30	①	②	③	④
31	①	②	③	④

もんだい　6

32	①	②	③	④

막판 뒤집기! 일본어능력시험 모의고사 N5 かいとうようし

第2回　ちょうかい

なまえ
Name

〈ちゅうい　Notes〉

1. くろいえんぴつ(HB、No.2)でかいてください。
   (ペンやボールペンではかかないでください)
   Use a black medium soft (HB or No.2) pencil.
   (Do not use any kind of pen.)

2. かきなおすときは、けしゴムできれいにけして
   ください。
   Erase any unintended marks completely.

3. きたなくしたり、おったりしないでください。
   Do not soil or bend this sheet.

4. マークれい　Marking examples

よいれい Correct Example	わるいれい Incorrect Examples
●	⊘ ◌ ◍ ● ⊖ ⊗

もんだい　1

れい	①	●	③	④
1	①	②	③	④
2	①	②	③	④
3	①	②	③	④
4	①	②	③	④
5	①	②	③	④
6	①	②	③	④
7	①	②	③	④

もんだい　2

れい	①	●	③	④
1	①	②	③	④
2	①	②	③	④
3	①	②	③	④
4	①	②	③	④
5	①	②	③	④
6	①	②	③	④

もんだい　3

れい	①	●	③
1	①	②	③
2	①	②	③
3	①	②	③
4	①	②	③
5	①	②	③

もんだい　4

れい	①	●	③
1	①	②	③
2	①	②	③
3	①	②	③
4	①	②	③
5	①	②	③
6	①	②	③

막 힘판 일본어능력시험 모의고사 N5 かいとうようし

第3回 げんごちしき (もじ・ごい)

なまえ
Name

〈ちゅうい Notes〉

1. くろいえんぴつ(HB、No.2)でかいてください。
   (ペンやボールペンではかかないでください)
   Use a black medium soft (HB or No.2) pencil.
   (Do not use any kind of pen.)

2. かきなおすときは、けしゴムできれいにけして
   ください。
   Erase any unintended marks completely.

3. きたなくしたり、おったりしないでください。
   Do not soil or bend this sheet.

4. マークれい Marking examples

よいれい Correct Example	わるいれい Incorrect Examples
●	⊘ ⊖ ○ ◑ ⊗ ◔

もんだい 1

1	①	②	③	④
2	①	②	③	④
3	①	②	③	④
4	①	②	③	④
5	①	②	③	④
6	①	②	③	④
7	①	②	③	④
8	①	②	③	④
9	①	②	③	④
10	①	②	③	④

もんだい 2

11	①	②	③	④
12	①	②	③	④
13	①	②	③	④
14	①	②	③	④
15	①	②	③	④
16	①	②	③	④
17	①	②	③	④
18	①	②	③	④

もんだい 3

19	①	②	③	④
20	①	②	③	④
21	①	②	③	④
22	①	②	③	④
23	①	②	③	④
24	①	②	③	④
25	①	②	③	④
26	①	②	③	④
27	①	②	③	④
28	①	②	③	④

もんだい 4

29	①	②	③	④
30	①	②	③	④
31	①	②	③	④
32	①	②	③	④
33	①	②	③	④

第3回　げんごちしき（ぶんぽう）・どっかい

なまえ
Name

〈ちゅうい　Notes〉

1. くろいえんぴつ(HB、No.2) でかいてください。
   (ペンやボールペンではかかないでください)
   Use a black medium soft (HB or No.2) pencil.
   (Do not use any kind of pen.)

2. かきなおすときは、けしゴムできれいにけして
   ください。
   Erase any unintended marks completely.

3. きたなくしたり、おったりしないでください。
   Do not soil or bend this sheet.

4. マークれい　Marking examples

よいれい Correct Example	わるいれい Incorrect Examples
●	⊘ ⦸ ○ ⬤ ◑ ◐

もんだい 1

	1	2	3	4
1	①	②	③	④
2	①	②	③	④
3	①	②	③	④
4	①	②	③	④
5	①	②	③	④
6	①	②	③	④
7	①	②	③	④
8	①	②	③	④
9	①	②	③	④
10	①	②	③	④
11	①	②	③	④
12	①	②	③	④
13	①	②	③	④
14	①	②	③	④
15	①	②	③	④
16	①	②	③	④

もんだい 2

	1	2	3	4
17	①	②	③	④
18	①	②	③	④
19	①	②	③	④
20	①	②	③	④
21	①	②	③	④

もんだい 3

	1	2	3	4
22	①	②	③	④
23	①	②	③	④
24	①	②	③	④
25	①	②	③	④
26	①	②	③	④

もんだい 4

	1	2	3	4
27	①	②	③	④
28	①	②	③	④
29	①	②	③	④

もんだい 5

	1	2	3	4
30	①	②	③	④
31	①	②	③	④

もんだい 6

	1	2	3	4
32	①	②	③	④

막! 한번 일본어능력시험 모의고사 N5　かいとうようし

第3回　ちょうかい

なまえ
Name

〈 ちゅうい　Notes 〉

1. くろいえんぴつ(HB, No.2) でかいてください。
 (ペンやボールペンではかかないでください)
 Use a black medium soft (HB or No.2) pencil.
 (Do not use any kind of pen.)

2. かきなおすときは、けしゴムできれいにけして
 ください。
 Erase any unintended marks completely.

3. きたなくしたり、おったりしないでください。
 Do not soil or bend this sheet.

4. マークれい　Marking examples

よいれい Correct Example	わるいれい Incorrect Examples
●	⊘ ⊗ ⊙ ◎ ⊖ ◍

もんだい 1

れい	①	●	③	④
1	①	②	③	④
2	①	②	③	④
3	①	②	③	④
4	①	②	③	④
5	①	②	③	④
6	①	②	③	④
7	①	②	③	④

もんだい 2

れい	●	②	③	④
1	①	②	③	④
2	①	②	③	④
3	①	②	③	④
4	①	②	③	④
5	①	②	③	④
6	①	②	③	④

もんだい 3

れい	①	●	③
1	①	②	③
2	①	②	③
3	①	②	③
4	①	②	③
5	①	②	③

もんだい 4

れい	①	●	③
1	①	②	③
2	①	②	③
3	①	②	③
4	①	②	③
5	①	②	③
6	①	②	③